JN025796

株式会社ZUU［編著］

冨田和成［監修］

富裕層・経営者営業大全

一般社団法人金融財政事情研究会

はじめに

　資産アドバイザーにとって、今後、富裕層や経営者を相手としたビジネスがさらに重要になってくると思われる。AIの発達でマス層に対するソリューションが代替されていくなか、富裕層や経営者などの「特殊層」への開拓スキル・深堀スキル・営業スキルは、これからの時代において重要な要素だということはよく話題にのぼる。しかしながら、富裕層や経営者に対する資産ビジネススキルは、思いのほか培われていないように感じている。

　以前、拙著『営業』を上梓した際は、資産アドバイザー以外の営業パーソンも読むという想定で執筆したため、資産管理業特有の話はかなり割愛した。今回は、富裕層・経営者を営業対象とする資産アドバイザーに特化した内容を書いていこうと思う。

　まず言葉の定義を確認しておく。あくまで私の考え方ではあるが、「資産」とは全体のことを指し、そのなかの構成要素の1つとして「資本」がある。資本を増大させることが資産の最大化につながる。そして詳細は後述するが、資本には大きく分けて「金融資本」「固定資本」「人的資本」「事業資本」の4つがある。つまり私にとっての「資産アドバイザー」とは、顧客がもつ4つの資本どれかを支援することによって、顧客の資産を最大化する人のことを指す。

　もちろん、本書を手に取ってくれる人の多くは、「金融資本」の取引をメイン業務とする金融パーソンであろう。本書のメインターゲットは金融パーソンであることは間違いないが、金融パーソンであっても顧客の「固定資本」「人的資本」「事業資本」の支援から目を背けてはいけないと思うし、目を背けていたら、顧客から深い信頼は得られないのではないかと思う。

　本書では、「どのような対象先に、何の資産ニーズがあるか」「そのニーズを満たすソリューションは何か」「会いにくい富裕層や経営者に、そのソリューションをどう伝えればよいか」「そもそも、その資産ニーズがある対

i

象先をどのように見つければよいか」などのノウハウの型化（パターン化）を試みたい。本書が資産アドバイザーの業務推進、そして資産アドバイザーが支援する顧客の資産最大化に少しでも貢献できれば幸いである。

2020年6月

株式会社ZUU 代表取締役

冨田 和成

目　次

第4章　富裕層・経営者へのアプローチ方法　〈実践編〉

第5章　富裕層・経営者へのコンサルティング

第 **1** 章

なぜ富裕層・経営者ビジネスの
スキル強化が必要なのか？

ZUU代表冨田からのメッセージ

1 富裕層・経営者の概要と法人（経営者）にあたるメリット

　資産アドバイザーにとって、「富裕層」は有力な営業先といえるだろう。野村総合研究所（NRI）の2017年の調査によると、日本の全世帯に占める富裕層（純金融資産1億円以上）、および超富裕層（同5億円以上）の割合は2.3％である。つまり、町内に家が50世帯あったとすれば、そのうちの1世帯が「1億円の壁」を突破していることになる。これを多いとみるか少ないとみるかは人それぞれだが、保有資産の規模でいうと、富裕層と超富裕層の資産は合計272兆円で、全体の19.4％にもなる。つまり、50世帯中の1世帯だけで、町民の全資産の2割を保有しているということだ。

　また、クレディ・スイスが2019年10月に行った世界の家計金融資産の報告書（global-wealth-report-2019）によると、100万USドル（1ドル110円として1

図表1－1　日本の全世帯に占める富裕層の割合

マーケットの分類 ▶世帯の純金融資産保有額	2017年
超富裕層 ▶5億円以上	84兆円（8.4万世帯）
富裕層 ▶1億円以上5億円未満	215兆円（118.3万世帯）
準富裕層 ▶5,000万円以上1億円未満	247兆円（322.2万世帯）
アッパーマス層 ▶3,000万円以上5,000万円未満	320兆円（720.3万世帯）
マス層 ▶3,000万円未満	673兆円（4,203.1万世帯）

（出所）野村総合研究所

億1,000万円）以上保有する日本の富裕層は302万人であり、これを国別の富裕層数でみると、1位が米国で1,861万人、2位が中国で444万人、3位が日本だった。集計方法が異なるためか、NRIの2017年調査とは数字に乖離があるが、いずれにせよ日本は、世界有数の富裕層を抱える国なのだ。

　富裕層を専門とするプライベートバンクが過剰ともいえるほどの時間とお金とマンパワーを特定の顧客に投入するのは、その資産の一部でも自社に預け入れてもらえれば、十分に元が取れるからだ。金融各社が富裕層ビジネスに力を入れる理由がご理解いただけるだろう。

　ランドスケイプ社が調べた「金融資産1億以上の方たちの職業比率」をみてみると、企業経営者が33.6％、歯医者を含めた医者が9.5％、不動産オーナーが7.1％となっており、この3職種で50％を占めている。医者も開業していればビジネスオーナーであり、不動産オーナーも不動産賃貸業を経営していると考えれば、「富裕層と呼ばれる人の半分以上が経営者である」と言ってさしつかえないと思う。

図表1−2　富裕層の職業比率トップ5

富裕層の職業比率トップ5		
順位	職業	％
1	企業経営者	33.6
2	医者・歯医者	9.5
3	マンションオーナー・家主	7.1
4	役員	2.1
5	弁護士	2.0

（出所）ランドスケイプの調査より株式会社ZUU作成

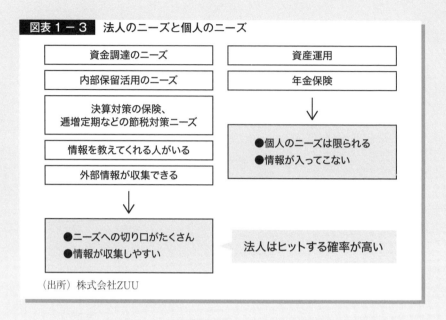

図表1−3 法人のニーズと個人のニーズ

| 資金調達のニーズ | 資産運用 |
| 内部保留活用のニーズ | 年金保険 |

決算対策の保険、
逓増定期などの節税対策ニーズ

情報を教えてくれる人がいる

外部情報が収集できる

●個人のニーズは限られる
●情報が入ってこない

●ニーズへの切り口がたくさん
●情報が収集しやすい

法人はヒットする確率が高い

（出所）株式会社ZUU

　私は、新卒で支店に配属されて以降、一貫して経営者（法人）に対して営業を行ってきた。限られた時間のなかで成果を出すには、個人ではなく法人をあたることが最も効率的だと考えたからだ。なお、ここでいう法人営業とは、インベストメント・バンキング（投資銀行）部のような本部の専門部署に所属した状態での営業行為ではなく、あくまで「営業店などでのリテール営業や法人営業の一環として経営者にあたる」という意味で使用している。経営者（法人）にアタックする実務的なメリットを一言でいうと、「ビジネスとして可能性が大きい」ということだ。具体的なメリットを列挙すると、以下のとおりである。

・（一般個人と比べて一般的に）ニーズが多い
・（一般個人と比べて一般的に）情報が取りやすい
・（一般個人と比べて一般的に）良い提案をすれば耳を傾けてくれやすい

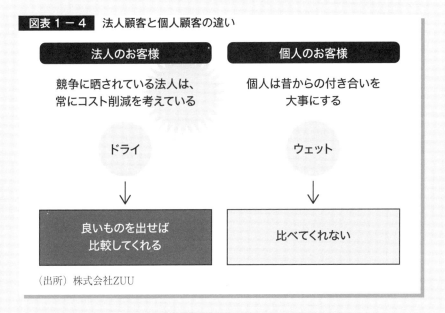

図表1－4　法人顧客と個人顧客の違い

法人のお客様	個人のお客様
競争に晒されている法人は、常にコスト削減を考えている	個人は昔からの付き合いを大事にする
ドライ	ウェット
↓	↓
良いものを出せば比較してくれる	比べてくれない

（出所）株式会社ZUU

・（一般個人と比べて一般的に）取引金額が大きくなりやすい

・（オーナー社長の場合は特に）決断が早いことが多い

　法人は個人に比べてニーズが多様化しており、資産アドバイザーとしては提案できる商品の幅が広い傾向にある。ということは、あたれる対象先が広がるということだ。また、一般論として、一般個人は昔からの付き合いを重視するウェット派、そして常に競争に晒されている法人はコスト削減などのビジネスに直結する話には合理的に判断することも多いドライ派といえる。良いものを提案すれば検討してくれる確率は法人のほうが圧倒的に高い。

　提案金額が大きくなりやすいというのも、法人をあたるメリットだ。また、オーナー社長は意思決定が迅速である場合も多く、即決即断してくれれば時間のロスも少ない。限られた時間で成果を出さないといけない資産アドバイザーにとって、これも大きなメリットだと思う。

2 プライベートバンクで活用されている 「バランスシートアプローチ」

(1) バランスシートアプローチとは

　私がいたプライベートバンクの世界では、個人向けにバランスシートを作成して、資産管理するのが当たり前だった。この手法を「バランスシートアプローチ」と呼ぶ。私は野村證券時代、ビジネススクールのプログラムの一環として、UBSのスイス・チューリッヒ本社で研修を受け、プライベートバンク部門のバイスチェアマンと話す機会を得た。その際、「精度の高い投資戦略を練るためには、最初のヒアリングに最も多くの時間をかけ、顧客の個人B/Sと個人P/Lを正確に把握することが何よりも重要だ」と言っていたことが強く記憶に残っている。

　富裕層は、自然と資産が分散することが多いので、実は、自分の資産総額やその割合を正確に把握できていないケースが多い。自社株や出資持分の評価額は定期的な算定が必要であり、ハワイや軽井沢に別荘をもっている場合もある。不動産購入や事業拡大のために借入れをしているケースも多い。このように、積み上がった資産（ストック）が多様かつ複雑になっているので、個人B/Sと個人P/Lを可視化することが重要になってくる。富裕層の場合、少しばかりの支出を抑えたところで資産全体に与える効果は大きくない。それよりも、まずは資産全体の可視化が重要になってくる。

　富裕層には大きく分けて2種類ある。個人B/Sの純資産が多い「ストックリッチ（B/Sリッチ）」と、個人P/Lのキャッシュフローが潤沢な「フローリッチ（P/Lリッチ）」である。中小企業オーナーや地主はストックリッチと呼ぶほうがしっくりくるケースもあるだろう。もちろん優良企業の経営者であれば役員報酬も高いことが予想されるので、ストックリッチかつフローリッチであるケースも考えられる。

　ストックリッチであれば、資産承継や潤沢なストックを活用したフローの創出が課題かもしれない。フローリッチであれば、所得税対策が喫緊の課題かもしれない。全体が可視化されることによって、プライベートバンク側としてはベストな戦略を練ることができるようになるのだ。

　課題が整理されるので、顧客側にも納得感がある。たとえば、法人の財務安全性を測る指標「流動比率（流動資産を流動負債で除して算出）」は、150〜200％くらいは安全ゾーン、逆にこれが100％近づき、切っていくと危険ゾーンと一般的にいわれている。この考え方を転用すれば、借入れが多い場合には負債率を下げる提案もありうるし、反対に、たとえば現預金の額が多過ぎたりする場合には「インフレに備えるため、融資を受けてビルやマンション1棟買っておきませんか」というアドバイスもできる。日本では特に税金の存在感が強いので、資産をマーケット環境に左右される有価証券で運用するよりも、資産配分を見直すことにより節税効果を高めるほうが効果的という考え方もありうる。

　この「バランスシートアプローチ」は、準富裕層やマス層の資産管理でも応用できる。私たちが運営しているZUU onlineでも「個人のP/L、B/Sをコントロールしましょう」と呼びかけている。

　P/Lでは、ある期間に自分がどのくらい稼ぎ（収益）、何にどのくらい使い（費用）、どのくらい残ったのか（利益）を整理することができる。このフレームワークでは、お金の流れを把握することができる。多くの方にとって、「1カ月」や「1年」がなじみある期間ではないだろうか。

　B/Sでは、自分がどのくらい価値のある財を築いており（資産）、どのくらいほかからお金を借りているか（負債）、差し引きで純粋な自分の資産がいくらあるのか（純資産）を整理することができる。このフレームワークでは、これまで自分がどのくらい資産を築いてきたかを把握することができる。

⑵ 「金融資本」と「固定資本」

　P/LとB/Sは密接に結びついており、P/Lで生まれた利益がB/Sに「金融資本」として積み上がっていく。「金融資本」とは、図表1−5にあるように、現金、有価証券、保険などを指す。不動産は「固定資本」だ。車や時計、宝飾品や美術品など換金できるモノも「固定資本」と呼んで問題ないだろう。

　金融資本はいまも変わらず資産運用の王道だ。また不動産投資も多くのサラリーマン大家が誕生しているように一般的になってきた。どちらも細かい運用法については多くの専門書が出ているのでそちらに譲るとして、ここでは、資本の1つとして金融資本と固定資本があるということを確認しておきたい。

図表1−5　個人のP/L・B/S

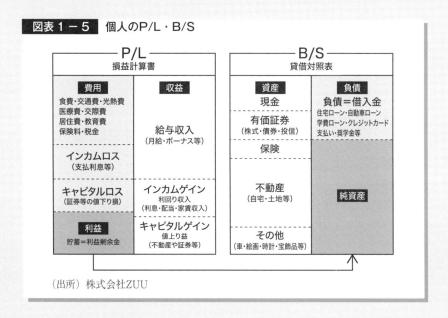

（出所）株式会社ZUU

⑶ 「人的資本」という隠れた資産

　ここまでが一般的にいわれているP/LとB/Sの考え方である。しかし、こ
れからの「人生100年時代」にさらに重要になる、見落としてはならない存
在がある。それが、知識やスキル、人脈、健康、信用といった目にはみえな
い「人的資本」に対する考え方だ。

　たとえば、専門的な知識や高度なスキルを身につければ、キャリアにつな
がり、結果として給与収入の増加にもつながる。せっかくのキャリアも、病
気などで離脱することを余儀なくされればなくなってしまうから、健康も大
切な無形資産である。さらに、人的資本の一部である金融スキルを備えるこ
とで、投資によって利息や配当などのインカムゲインの獲得、さらには値上
りしそうな不動産や株を見極め、キャピタルゲインを得ることも可能だ。

図表1－6　人的資本が個人のP/L・B/Sに及ぼす影響

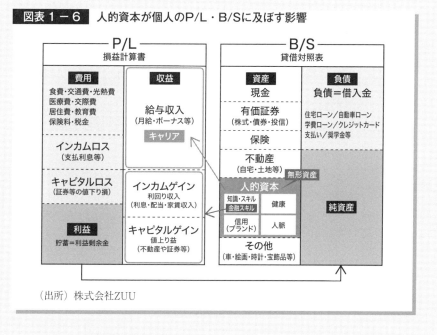

（出所）株式会社ZUU

富裕層の世界では、親が子の人的資本にどんどん投資を進めている。簡単にいうと教育である。私も富裕層を担当したときに、よくスイスのボーディングスクールなどに送る手伝いをしていた。「脳みそに税金はかからないから。最高の相続税対策だよね」と富裕層の人たちはいう。基本的に子供の教育費というのは非課税の対象になっているから、そこにどんどんお金をかけたほうがいいという考え方だ。飲食物や芸術などの分野において、芸能人が超一流とそうでないものを判断する正月恒例のテレビ番組があるが、そこでまったく間違えないGACKT氏が「知識は誰にも奪われることのない財産」と言っていた。まさに人的資本の本質を突いた発言だと思う。

3　個人のバランスシートの見える化が加速

　いままで、金融資本以外の資本は、あまり見える化されていなかった。したがって、ROIを把握することが難しかったのだが、これが見える化されていくのであれば、そこに対する投資へのリターンもみえやすくなってくる。
　昨今、人的資本の見える化が急速に進んでいる。中国ではアリペイ、WeChatが信用スコアを数値化して、個人の信用スコアに対して即日レンディングするような時代になっている。結婚相手をスコアの高さで決めるという話すら耳にする。まさに人的資本が見える化されている一例だと思う。日本でもいま、キャッシュレスアプリが乱立しているが、利用者を増やして信用スコアや購入データを取りたいという思惑があるはずだ。Amazonレンディングもそうである。事業者側に対する融資が多いが、取引データをもっているので、即日で融資ができるような仕組みになっている。
　見える化される資本はまだある。固定資本だ。不動産は時価が計算できるが、不動産以外の資産にも、すぐ価格がつけられるようになってきた。車もそうだ。カーシェアによってマーケットが拡大し、二次流通市場が発生した

おかげで売却価格がより精緻になってきた。絵画、時計、宝飾品、その他の品物についても、メルカリのような個人間取引市場ができたことで「いまいくらで売れるの？」ということがわかりやすい世の中になった。

　こういったかたちで、バランスシート全体が見える化される時代になってきている。そうすると、個別の資本に対してサービスを提供している企業が、個人のバランスシート全体を管理しようと試みるだろう。今後は、金融業界と非金融業界の垣根がなくなって、業界を超えて顧客のバランスシート全体を取り合うような市場環境に突入していくと予想している。現在は、金融業界が金融資本の大部分と、固定資本の一部の提案やビジネスを担っているが、ここにも非金融業界が参入し始めている。今後は、高いスキルがないと顧客の信頼が得られなくなる可能性がある。

4　資産アドバイザーは「4つの資本」を通じて「顧客の資産最大化」を達成する

(1)　富裕層・経営者がもつ「事業資本」

　バランスシートの見える化によって、取引単位が低いマス層の資産管理は、むしろ合理的になるかもしれない。しかし、富裕層や経営者まで取られては、資産アドバイザーの商売が成り立たなくなる。非金融業界のプレイヤーが参入してくる前提で、富裕層・経営者ビジネススキルの強化が必要だろう。そこで鍵になるのが、多くの富裕層がもつ「事業資本」を理解すること、そして、「金融資本」「固定資本」「人的資本」「事業資本」という4つの資本を通じて顧客のバランスシートを最大化するという視点だ。

　金融資本には現金、有価証券、保険などがあると述べた。その意味では自社株も金融資本の1つだが、事業オーナーがもつ自社株（もしくは出資持分）を単なる金融資本として扱うべきだろうか。たとえば、私の資産の90％

以上はZUU株だ。私がトヨタ株をもっていることと、ZUU株をもっていることが同じ扱いだろうか。

　ビジネスオーナーにとっては「金融資本としてもっている株」と「事業資本としてもっている株」はまったく意味が違う。そして、前述のように、富裕層の多くがビジネスオーナーだ。当然、富裕層を担当する資産アドバイザーとしても、区別して考えなければいけない。

　これは上場企業オーナーでも、未上場の中小企業オーナーでも、医療法人オーナーでも、老舗企業でも、立ち上げたばかりのベンチャー企業でも一緒だ。極端にいえば、いまはまだビジネスアイデアの段階だとしても、そのアイデアが秀逸であれば、ベンチャーキャピタルは高いバリエーションで投資するかもしれない。トヨタ株をもっていても、それに対して10倍の価格で投資してくれる人はいない。なぜなら、すでに市場価格が存在しているから

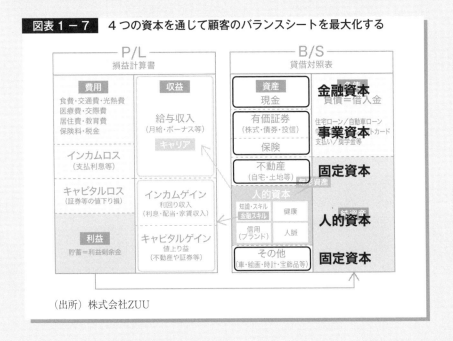

図表1−7　4つの資本を通じて顧客のバランスシートを最大化する

（出所）株式会社ZUU

だ。

　これは私がマレーシアのオーナーに資産運用提案をしたときの話である。当時はユーロ危機の最中で、欧州の影響で債券市場はとても利回りが高い時期だった。大手金融機関の債券でも投資利回りが年率10％を超えているものもあった。あるとき、担当していた華僑の富裕層に「これは10％以上で回る可能性があります」と提案すると「トミタさん、たしかに債券投資としては良い提案だと思う」と言った後、「でもね、同じ金額を自分の事業に投資したら30％で回ります」と言った。

　「事業オーナーはすべからく自分の事業に投資するのがいい」と言っているわけではない。ポイントは、「金融資本、事業資本、固定資本、人的資本、どれにコンサルティングすれば顧客の資産（バランスシート）が最大化するのか？　を考えなくてはならない」ということだ。

　プライベートバンクは、このバランスシート全体をみて顧客に接するからこそ、一族全体の重要な人的資本である子女教育の支援にも力を入れるのだ。心身の健康という人的資本も重要だから、高級人間ドックの斡旋を行い、高級老人ホームの斡旋をする。名医を紹介することもある。「顧客のバランスシートのなかで、どこにいちばん課題があるのか？　どこの課題にお金を使うといちばんリターンが高いのか？」を常に考えている。

　一定以上の企業規模のオーナーは、基本的に、事業資本を支援するのが最も利回りが高くなるのは事実である。いま、金融機関各社は見込顧客や既存顧客企業に対してビジネスマッチングに力を入れている。当社も担当していただいている証券会社や銀行に大変お世話になっている。

　仮に1億円を上手に資産運用してもらい、10％利回りを確保してもらうよりも、ビジネスマッチングでZUUの利益が1,000万円でも計上されたほうがZUU株の価値も上がり、ひいては私個人のバランスシートへのリターンも10％運用に比べて高い、ということだ。これは中小企業オーナーでも同じことである。

⑵　バランスシート全体をみて
　資本戦略（どの資本をサポートするか）を考える

　私自身、4つの資本全体に対して貢献をすることを考えてお客様と向き合っていた。本社機能や提携税理士はもちろん、お客様が「人材を探している」とおっしゃるので、その場で知り合いの人材紹介業者に電話して、人材会社も紹介したことがある。ビジネスマッチングもたくさんやったし、ベンチャーキャピタルもマッチングした。

　金融資本へのサポートを求めているのか、事業資本（本業）へのサポートを求めているのか、それとも人的資本なのか、固定資本なのか、バランスシートのどの部分に対してサポートすれば、資産アドバイザーにとって最大のリターンにつながるかを読むことが重要だと思う。ある企業は運用のサポートがいちばんリターンが高いかもしれない。これは金融資本へのサポートを求めているケースなので、運用の専門家や、条件の良い商品を組成できる本社機能を連れていけばよいだろう。

　なかには、金融資本への支援ニーズはあまりない先もあるかもしれない。しかし、本業に対する支援ニーズがない経営者に私は会ったことがない。ほとんどの経営者は、本業に対する何かしらのニーズがあると考えてよいだろう。そのような先にはビジネスマッチングで見込客を紹介してあげて、「○○社長の事業は今後も全力で支援していきます。私の金融事業も支援してほしいです。必ず金融面からもお役に立てると思います。こういった債券があるのですが、まずは1億付き合っていただけませんか」と話を進めることも一案だ。このような提案については賛否両論あるかもしれないが、その経営者をサポートするべく、バランスシート全体で提案して、相手にとってリターンがあるものならば、サンキューオーダーをもらうのは自然な流れだと私は思う。

　私も1人の上場企業オーナーとして、自分の担当者に本業のサポートをし

てもらっている。ビジネスマッチングしてもらって、ZUUの売上や利益が
上がるようならば、担当者には目に見えるかたちでお返ししたいと思ってい
る。これは半分冗談だが、担当者には「ZUUの業績に貢献してくれたら、
私の口座、何なら信用取引も使って、前場も後場も売買を繰り返して手数料
抜きまくっていいですよ」と伝えてある（笑）。
　繰り返すが、今後は個人のバランスシートの見える化が加速し、個人の資
産管理ニーズの取り合いが業界を超えて加速すると予想している。取引単位

図表1-8　4つの資本の特徴

	金融資本	固定資本	人的資本	事業資本
資本成長幅（キャピタルゲイン-税金）	○	×（基本的に値下り）	△（個人だと換金できる収入に上限がある）	∞（無限大）
資本利回り（インカムゲイン-税金）	○	○	△（税率や社会保険などが高い）	○
流動性	◎	△→○（デジタルを中心にセカンダリーマーケットが活性化）	なし	×→△（M&Aの広がりでセカンダリーマーケットが活性化）
レバレッジのかけやすさ	×	◎	×→△（気軽な資金調達手段が広がっているものの限定的）	○→◎（気軽な資金調達手段が広がっている）
税金に関する事項	多くの金融所得は20.315%	不動産収入を個人で受け取るなら人的資本と同じ扱い。法人なら事業資本と同じ扱い。また相続税の圧縮ができる。	累進課税制度。最高税率は所得税＋住民税で55%。	税引前利益に対して約30%の法人税。経費計上できる幅が広い。

（出所）株式会社ZUU

が低いマス層の資産管理は合理的になるだろう。その一方、富裕層や経営者まで取られては、資産アドバイザーの商売が成り立たなくなる。富裕層・経営者ビジネススキルの強化が必要だ。そして、その鍵は「4つの資本を通じて顧客資産最大化を考えること」にあると思う。

4つの資本のうち、どこにリソースを投下すべきか。それはROI（投資利益率）がいちばん高くなりそうな領域だ。顧客に合った資本戦略を考え、導いてあげるのが資産アドバイザーのあるべき姿だと思うし、そうすることによって結果的に営業成績もついてくるのではないかと思う。ここに4つの資本ごとの特徴を並べてみたので参考にしていただきたい。

実は、ZUU onlineはリリース当初から「4つの資本を通じて個人のバランスシートを支援すること」を念頭に運営してきた。手前味噌ながら、多くの投資家や資産アドバイザーに継続してご覧いただけているのは、多少なりとも資産最大化に貢献できているからではないかと思っている。本書はここから、ZUU onlineのコンテンツも一部引用しながら、より具体的な富裕層・経営者ビジネスについてみていく。

第 **2** 章

富裕層・経営者の属性別解説

富裕層といっても、属性によって特性もニーズもまったく違うというのが
実態だ。本章では、各々の富裕層について解説していく。

図表２−１　富裕層のタイプ

❶ オーナー社長（中小企業）

❷ 開業医

❸ 地主

❹ 宗教法人

❺ 超富裕層

（出所）株式会社ZUU

1 オーナー社長（事業法人オーナー）

金融営業の対象先の主役となるのがオーナー社長だろう。オーナー社長に対して有効な 7 つの切り口に分けてみていきたい。

(1)　事業承継

ベビーブーマー層がリタイア世代になりつつあることから、10年ほど前から事業承継に関するニーズが強くなり続けている。事業承継に関しては、経営権（自社株）承継の問題と、「後継者として相応しい経営レベルか」「取引先とうまくやっていけるか」という実務的な問題の 2 つに分解できるが、資産アドバイザー向けに、前者（経営権の承継）について説明していく。

● 企業オーナーの課題

皆さんが営業対象としている企業オーナー（中小企業経営者）のバランスシートはどのようになっているか考えたことがあるだろうか。当社の過去の経験から、一般的な配分例を示してみる。よくみられるのは、自社株が 4 〜 5 割、不動産が 2 〜 3 割、残りが現金や有価証券というパターンであるが、資産の大部分が自社株と不動産で、現金をあまりもっていないという企業オーナーも少なくない。

ここから導き出される課題は、「いざ資産承継（事業承継）が起こった際の（納税用の）現金不足」だ。自社株や不動産が現金化しづらい資産であるのに対し、相続税は現金で支払わなければならない。法人の場合、未払いの法人税が負債となるように、個人の場合も未払いの相続税は負債と考えられる。資産承継は「増えづらい流動性金融資産」と「自社の業績が堅調な限り増え続ける相続税額」のギャップをいかに埋めるかが重要なポイントだといえる。

ここで威力を発揮するのが 1 章で解説した「バランスシートアプローチ」

である。オーナーと一緒に個人バランスシートを可視化したうえで、「このようにみると、右側の相続税額を減らすか、左側の金融資産を増やすことが重要だ。前者の対策としては自社株や不動産の圧縮、後者の対策としては資産運用を行うことがあげられます。どちらも短期間でできることではありません。近々提案書をまとめておもちさせていただけませんでしょうか」と提案すれば、ビジネスが拡大する可能性が高まるだろう。

　法人担当者であれば、法人のことをわかっているが、個人のP/L（損益計算書）とB/S（貸借対照表）の部分までは踏み込めていないことが非常に多い。個人のリテール担当者であれば、個人のP/LやB/Sの一部（金融資本のみなど）についてタッチすることもあろうが、深い部分への提案に入るのは難しいといえる。事業承継は法人と個人を把握、管理するところまでできないといけないので、非常に難易度が高い。

　公には話題にのぼらないことであるが、実は法人も「法人1、法人2、法人3、……」、資産管理会社も「資産管理会社1、資産管理会社2、……」と複数保有しているケースも存在する。さらには個人も同様に配偶者や子供たちなど、そのすべてのP/LとB/Sの両方を把握したいところだが、少なくとも各人のB/Sだけでも把握したい。

　さらにいえば、富裕層のなかには、家庭の外にもう1つの「家庭」、つまり正妻ではない存在をもつ人もいる。その人との子も自分の子供であることに変わりはないので、資産を遺してあげたいというニーズに応えていく必要がある。この場合には、信託や保険、遺言、生前贈与など、生前から何かしらの方法で財産を承継するための手続が必要となる。

● バランスシートアプローチのセールストーク例

　バランスシートアプローチの最大の障壁は、顧客が自分の資産状況を正直に話してくれないおそれがあることである。「正直に答えたら足元をみられる」と感じるからであろう。そんなときに効果を発揮するセールストークの流れを紹介する。

社長、B/Sはご存じですよね。

当たり前だろう。

そうですよね、失礼致しました。
では、個人のB/Sはご存じですか。

B/Sは企業の決算用じゃないのか。

もちろんそうです……が、実は個人にも有効だということを、最近学んだのです。これはスイス等のプライベートバンキングでも活用されている手法です。

なるほど。

（目の前の紙にB/Sを書き始めながら）個人の資産の場合、まず現金があります。さらには保険、年金やご自宅。それと、私どもは証券会社ですので、有価証券もおもちであればうれしいなぁ……と。後は、社長はオーナーですから自社株もおもちのはずですね。利益ベースで概算させていただきましたけれど、おそらく●億円の価値はくだらないでしょうね（顔色をみる）。

続けて。

次にB/Sの右側に移ると、不動産も自社株も借入れをしながら取得されたと仮定するなら、これくらいでしょうか。すみません、適当に書かせていただいていますが。そして、残りが純資産になります。

うん。

ただ、社長の自社株の価値がこれくらいで、ご自宅も路線価から概算させていただきましたが、最低でも●億円はしますね。すると、単純に計算して、相続税で●億円くらいかかってくるわけです。

そうか……。

ここで１つ質問させてください。法人の場合、未払いの法人税というのは、負債と純資産、どちらだと思われますか。

払うべきものだから負債だろうな。

そうですよね。では、未払いの相続税は、どちらでしょうか。

ん……負債になるということか。

そうです。つまり、資産はこれだけあっても、相続後のことを考えると、純資産はこれしか残りません。ですが、ご家族のために少しでも多くの資産を残したいとお考えですよね。

もちろんだ。

それであれば、左側で大きな割合を占める自社株や不動産を圧縮するのが有効な手段になると思うので、このあたりについてもう少し具体的にお話をうかがってもよろしいでしょうか。

　このように話を進めると、当社の経験上、8割以上の人が資産状況について教えてくれる。突破口が開けたら、後は株価算定をしたり、不動産の固定資産税納税通知書などをもらったりして、さらに具体的な試算に入る。そして内外の税理士もチームに入れ、圧縮シミュレーションを行うのが、プライベートバンキングでよくある流れである。

● 自社株承継信託

　自社株関連の話として近年よく耳にするのが、いわゆる「自社株承継信託」で、ここ数年は非常に注目されている。これは今現在の自社株の価値で価格を固定し、何年か後に移転するというスキームである。

　会社価値を今以上に高めていく自信があるオーナー経営者にとっては、まだ現役で続行したいものの、その分だけ自社株の価値が上がって承継しづらくなることが問題となる。「いますぐ後継者に贈与すればいい。特に相続税精算課税制度を活用すれば、いまの価値を固定して贈与できるのではないか」と思うかもしれないが、会社のコントロールが効かなくなるという不安もある。これらのニーズをとらえたスキームが自社株承継信託なのである。

　簡単に説明すると、オーナー経営者が委託者となり、後継者を受益者とする信託契約を締結して自社株を信託する。相続が発生した時に信託を終了し、信託財産である自社株を、信託契約であらかじめ定められた後継者に引き継ぐというものだ。現在の自社株価値が10億円とし、経営努力で自社株価

値が50億円となった時点で承継したとする。値上りした40億円に対しても税金がかかるのが通常だが、10億円に対してだけですむという話なので、経営者ニーズをとらえたスキームである。

日常生活で信託銀行を利用するケースは限られているが、実は信託スキームにはさまざまなものがある。プライベートバンクも信託銀行と連携して多様なスキームを提案している。リテール営業担当も含めて押さえておきたい。

(2) 為　　替

法人によってニーズに濃淡はあるが、為替も重要である。製造業中心で輸出の多い日本では、外貨や海外取引先が絡んでくる場合が多く、外国企業との取引がある法人では外貨で決済を行っている可能性が非常に高い。このようなところでは為替がらみのビジネス、たとえば為替予約や為替変動へのリスクヘッジなどのニーズが存在する。輸出には円安が有利で円高は不利となり、輸入ではその逆となるので、まずは対象先がどちら寄りなのかを確認しておく必要がある。

また月間、年間でどれくらいの外貨を使う必要があるかがわかっていれば、情報提供はもちろんのこと、為替リスクをヘッジするためのさまざまな提案ができるようになる。帝国データバンクなどの仕入先または取引先一覧のなかに外国企業の名前があったり、HPなどにおいて拠点をみた際に海外に子会社や支店があることが確認できたりすれば、この対象と判断することが可能だ。

(3) 資金調達

大多数の法人には借入金があり、そこには当然、資金調達ニーズもある。では、資金調達が必要とされるのはどのようなところか、それを見つけるポイントは、次の3つである。

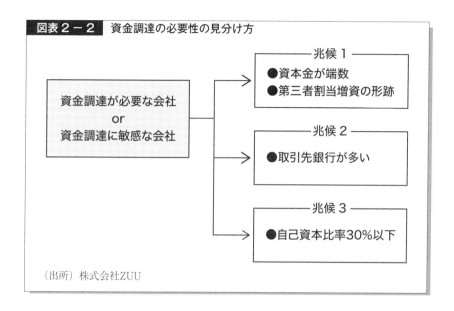

図表2-2 資金調達の必要性の見分け方

資金調達が必要な会社
or
資金調達に敏感な会社

兆候1
●資本金が端数
●第三者割当増資の形跡

兆候2
●取引先銀行が多い

兆候3
●自己資本比率30%以下

（出所）株式会社ZUU

　1つ目は、HPや帝国データバンクなどの外部データベースで情報を見たとき、資本金の欄が端数になっていたり、異様に大きくなっていたりするところである。過去に第三者割当増資を行ったと推測されるからである。このような法人には、増資と借入れという2つの資金調達ニーズがある。他人の資本を受け入れることに抵抗感があるオーナーは多いが、増資による資金調達の経験がすでにあることがわかると2度目以降もスムーズに受け入れられることが多い。

　2つ目は、取引先銀行が多いところである。2、3社で資金調達がすむのであれば取引先銀行を増やす必要はないはずであるが、取引先銀行が7社、8社というように多数並んでいる場合には、借入れに困っていると推測されるからである。これも外部データベースに掲載があれば確認することができる。

　3つ目は、自己資本比率が低いところである。帝国データバンクの情報に

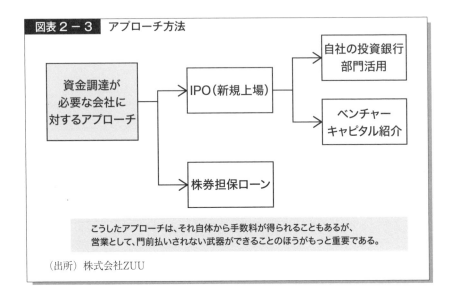

図表2-3 アプローチ方法

資金調達が
必要な会社に
対するアプローチ
→ IPO（新規上場）
→ 自社の投資銀行
部門活用
→ ベンチャー
キャピタル紹介
→ 株券担保ローン

こうしたアプローチは、それ自体から手数料が得られることもあるが、
営業として、門前払いされない武器ができることのほうがもっと重要である。

（出所）株式会社ZUU

資本構成という項目があるが、資本構成がたとえば30％を下回っていれば資金繰りの課題が大きいと考えられ、そのような法人は資金調達に非常に敏感な可能性がある。

資金調達ニーズがありそう、かつ大きな法人であればIPO（新規上場）を提案する。これは、「わが社で上場しませんか」ということである。グループや他部門に投資銀行機能をもつ金融機関の場合には、その部門の者を連れて行くこともできる。そのような金融機関では、VC（ベンチャーキャピタル）をもっていたり、もしくはほかに提携している金融機関があったりするので、その紹介ができるうえ、紹介（成約）したらキックバックも見込まれる。

なお、IPOやVC紹介は、資産アドバイザーにとっては大したビジネスにはならないことも多い。特にIPOは息の長い話になることが多く、社員はたいてい3〜5年で転勤してしまうので在任中に日の目を見ないことが多い。しかし、ここで重要なのは、普通であれば門前払いになるところを、IPOや

資金調達を切り口に突破してオーナー社長に会えたり、IPOを切り口にして会う回数が多くなったりして、相手と深い話ができるようになることだ。相手に自分を知ってもらうための切り口として資金調達があるわけで、IPO自体の収益などという議論はまた次の話なのである。

　次の選択肢が有価証券担保ローンの提案である。これは、株式や投資信託などの有価証券を担保にお金を貸すもので、一般的に、金利が高い代わりに審査が緩いとされる。資金繰りは厳しくとも取引先などの株式を大量にもつ会社に対して、「取引先の株は売却できないかと思いますが、これを担保にいれて資金調達してはどうでしょう」と提案することはできる。これは上場企業オーナーにとっては特に刺さる提案となる。なぜならば、1章でも触れたが、多くの企業オーナーは自社株価値は数億円〜数十億円、上場企業オーナーだと数百億円規模になることもあるが、現金はあまり持ち合わせてなく、そのため個人の資金繰りは忙しいのが常だ。ソフトバンクの孫会長やZOZOの元社長である前澤氏などが個人の自社株担保に資金調達を実行していることはメディアなどでも有名であるが、新興市場のオーナーに至るまで当社が知る限りかなりのオーナーが自社株を担保に調達を行っている。

(4) 節税対策

　節税対策とは、言い換えれば利益をどう消すかということである。日本では、純利益に対して法人税でおよそ30％の税が課されるが、将来、さらに法人税は減税傾向になると予想されるなか、利益を繰り越すに越したことはないと考えるのは経営者として自然だろう。この対策としては、以前は逓増定期保険などを活用して利益を繰り越す提案が想定されていた。しかし、2019年春より法人保険が売止めになって以降は、オペレーティングリースの提案が主流である。これは飛行機やコンテナのリースに出資することで、減価償却をとるものである。

　毎年払い続けなければならない保険とは異なり、リースへの出資は、

図表2−4 オペレーティングリースの提案

利益をどう減らすか?

将来的に法人税の減税が予想されている
現在の税額をどう減らすか、あるいはどう利益を繰り越すか、
ということが重要になってくる

保険の活用

逓増定期保険で、半分損金というかたちで繰り越しを行う手法
ただし、保険についてはよく知られているため、提案しても、
あまり新鮮味がない可能性もある

リースの提案……案外知られていない!!

オペレーティングリース
……飛行機やコンテナのリースへの出資リースは、2年程度で償却してしまえる
ため、キャッシュリッチな企業にとっては非常に有効かつ、あまり知られていない
ため、提案すると喜ばれる

（出所）株式会社ZUU

キャッシュさえあれば一気に利益を消すことができる。スキームにもよる
が、たとえばリースに1億出資したら、1年目で5,000万分、2年目で4,000
万分ほど損金が落ちて、2年でほぼ償却できてしまうというようなケースも
ある。

(5) 不 動 産

　不動産については、買いニーズや売りニーズが高い企業は非常に多い。た
とえば、飛込みで営業をかけた会社で明らかに人があふれているにもかかわ
らず、社長が「来年また増員しようと思う」などと話していたら、「社長、
もう自社ビルでいいじゃないですか」のような流れにもっていくことで、不
動産の買いニーズが発生する可能性もありうる。

　工場やビルを自前で保有している企業のなかには、不動産という資産をも

```
┌─────────────────────────────────────────────────────────┐
│  図表２−５   不動産売買ニーズのつかみ方                      │
│                                                           │
│  ┌─────────────────────────────────────────────────┐    │
│  │ 原則                                              │    │
│  │ 顧客の状況を見極める                              │    │
│  └─────────────────────────────────────────────────┘    │
│                                                           │
│  ┌─────────────────────────────────────────────────┐    │
│  │ 具体的には？                                      │    │
│  │ ▶工場、自社ビルを保有する会社は、                  │    │
│  │   不動産のせいで資金繰りが苦しくなっている可能性がある │   │
│  │     ▶不動産を自社物件で抱える必要はない            │    │
│  │     ▶リースを勧めるチャンス                        │    │
│  │     ▶また、不動産をキャッシュ化して、賃貸への切替え │    │
│  │ ▶明らかに人があふれている会社                      │    │
│  │     ▶まだ旺盛な採用熱がある場合には、思い切って、自社ビルを勧めてみる │ │
│  └─────────────────────────────────────────────────┘    │
│                                                           │
│  （出所）株式会社ZUU                                      │
└─────────────────────────────────────────────────────────┘
```

つがゆえに資金繰りが良くないというケースもある。不動産は必ずしも自社物件である必要はなく、売却してキャッシュ化し、オフィスを借りたほうが資金繰りを改善できる場合もある。逆にこの低金利下では、借りている不動産を購入してしまうことでキャッシュフローが改善される例も起こりうるため、こうした提案も考えられる。

(6)　資産管理会社

前述の節税対策にもかかわることであるが、一定以上の規模の法人オーナーは資産管理会社をかなりの確率でもっていて、資産管理会社の相続税対策時に大きなニーズが発生する。多くの場合、資産管理会社に入っている資産は不動産か株（もしくはその両方）なので、不動産管理会社か自社株管理会社となる。

ポイントとなるのが、ある一定割合以上、資産管理会社に不動産があると「土地保有特定会社」とみなされ、ある一定割合以上の株式があると「株式保有特定会社」とみなされる。すると、原則として純資産評価方式で評価す

そこそこの企業になると、資産管理会社をもっている

資産管理会社に入っている資産　▶株　▶不動産

株、不動産ともに割合が重要

一定割合を超えて保有すると、株の場合は、株式保有特定会社、
不動産の場合は、不動産保有特定会社になってしまう→相続税が上がる
そうした特定会社を外すオペレーションが必要

大きなビジネスチャンス

▶株特外し、土地特外しは切り口として有効なだけではなく、
　それだけでも大きなビジネスチャンス
▶株式の比率を下げる、土地の比率を下げる、ということはキャッシュが生まれ、
　ほかの資産への転換が生まれるきっかけにもなる

（出所）株式会社ZUU

る必要があり、それぞれ資産管理会社をつくる前よりも相続税がかかってしまう可能性がある。

　したがって、不動産保有特定会社や株式保有特定会社を外すソリューションが必要となってくる。これを通称「株特外し」や「土地特外し」と言う。他の資産を入れることで株や不動産の資産の割合を下げれば、純資産評価方式から外れ、相続税を圧縮できる可能性がある。ここまで理解できていると、大きな差別化につながる。

　以前、冨田が大手ネット証券と連携しているIFA会社や生保の経営レイヤーやトップセールス向けの研修を行った際にも、株特外しの話を紹介した。資産管理会社の全資産のうち50％を超えて株式を保有していると、株式保有特定会社と認定される。たとえば70％以上株式が入っている資産管理会社が「株特外し」するには、全資産に対する株式の価値を50％以下にすればよい。資産管理会社が株式をもっていたとしたら株式売却の収益機会が見込

まれる。しかし、資産管理会社に入っている株式が自社株、つまり未上場企業の株式であると流動性もなく、企業統治の観点からも売却しづらいため、株式以外の資産を新たに入れる必要がある。債券でも不動産でも投資信託でもよい。ここにビジネスが生まれるのである。

　たとえば、銀行の提案で「息子さんの資産管理会社をつくって、そこに株を移して承継対策しましょう」という話がある。新設の資産管理会社に資金があるはずがないし、後継者が多額のキャッシュをもっていることも少ないので、銀行が貸付を行う。そもそも、融資を本業とする銀行が、貸付を行いたいがための提案スキームであるからだ。しかし、この資産管理会社は自社株100％だから株式保有特定会社となり、さらに次世代がこの資産管理会社を引き継ぐときには純資産価額方式が適用され、資産管理会社の相続税評価額は高くなってしまう。このような資産管理会社には「株特外し」のニーズがある。

⑺　内部留保

　官報や帝国データバンク等において、自社の詳細な損益計算書と貸借対照表を公開しているケースがある。貸借対照表に現金資産や現金同等物が載っているような資本構成が高い企業は、キャッシュが充実している。そのキャッシュをどうするかは、「設備投資に向かわせる」「そのままキャッシュで置いておく」、の２つに分かれる。しかし、現金や定期預金のまま置いておこうというのは何かあったときのためであって、リスク次第では内部留保を活用してもよい。

　また、このようなデータを探せなかったとしても、業歴が古い企業で毎年安定的に利益が出ているような企業は過去からの利益剰余金の蓄積が大きく、内部留保が溜まっているだろうと予測することが可能だ。内部留保の運用に積極的な会社には、たとえば出版社がある。出版社には社歴が長い企業が多く、紙に印刷して製本しただけのものを約1,000円とか2,000円という価

図表2−7　内部留保が潤沢な会社への提案

内部留保をたくさんもっている会社……粗利の高い会社

↓　原価が非常に低いものを高値で売れる業界構造

現金資産、現金同等物があり、かつ、設備投資熱が低い成熟産業

たとえば、
化粧品会社、出版社
とりわけ出版社は昔は儲かっていたので、
↓　いまはその時溜め込んだお金をどう運用するかがポイントになっている業界

そうしたキャッシュリッチな会社には、外債や仕組債の提案を

▶不動産や債券から利益を上げるということが習慣化しているところが多いため、
　外債や仕組債を提案すると決まりやすい
▶本業で儲からなくなってきていると、その傾向はより強くなる

（出所）株式会社ZUU

格で売っていたので、昔はかなり儲かっていて、内部留保が充実しているからである。しかし、いまはスマートフォンやタブレット端末、キンドルなどで読書する人も多く、儲からなくなってきているので、他で利益を上げようとする。そこで、本業を補填するため、出版社によっては不動産を回していたり債券を買ったりしている会社がみられるのである。ほかには、出版社と同じく、原価が低いものを高値で売る化粧品会社などが、粗利率が高い可能性があるから狙い目かもしれない。不動産会社もオーナーが運用に積極的であることが多い。

2　開業医（医療法人オーナー）

第1章でも述べたとおり、ランドスケイプ社の調査では、日本の富裕層の

職業の 1 位は企業経営者（33.6％）、 2 位は医者（9.5％）、 3 位は地主を含む不動産オーナー（7.1％）である。資産アドバイザーとして成果を残したいのであれば、オーナー社長を中心に、開業医と地主にアプローチすることが重要ということである。富裕層となる医者のほとんどは開業医であり、「医者であると同時に経営者でもある」ことを念頭において接する必要がある。

(1)　医療法人オーナーが抱える悩み

具体的には、次の 3 つの悩みが想定できる。医療法人オーナーへのアプローチはノウハウとしてはあまり培われていないので、これらに対する有効なソリューションを提供できれば、他の資産アドバイザーとは大きく差別化が図れるだろう。

①　病床の総量規制

株式会社と異なり、基本的には医療法人を勝手につくることはできない。それでも、規模を拡大させたいと考える医療法人オーナーにとって、M&Aは 1 つの選択肢であり、病床を増やすためにM&Aを進めるケースは多い。

②　建替えニーズ

いまある医療法人の建物は、築30〜40年のものが多く、建替えを考える時期がきている。特に、1981年 6 月の建築基準法改正で新耐震基準が制定されたことにより、それ以前に建てられたものは建替えニーズがより強い。しかし、いざ建替えとなっても、近くに仮の拠点となる場所がすぐに見つかるとは限らない。患者には地域の人が多いため、離れたところに建てることは難しい。

③　医療承継

医療法人も中小企業と同様にその持ち分の評価が高くなりがちだ。結果として相続税の負担が重くなるうえ、相続人は事業法人の株式より売却しにくい。後継者がいない場合は、病院をたたむかM&Aの道を模索することが考えられる。

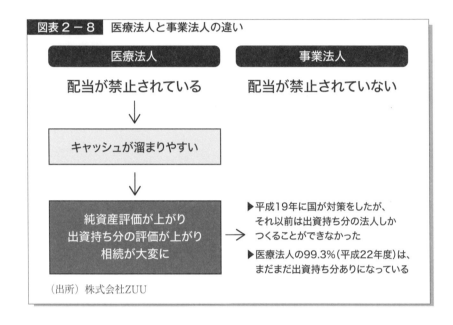

図表２−８　医療法人と事業法人の違い

医療法人	事業法人
配当が禁止されている	配当が禁止されていない

キャッシュが溜まりやすい

純資産評価が上がり
出資持ち分の評価が上がり
相続が大変に

▶平成19年に国が対策をしたが、
それ以前は出資持ち分の法人しか
つくることができなかった

▶医療法人の99.3％（平成22年度）は、
まだまだ出資持ち分ありになっている

（出所）株式会社ZUU

(2)　医療法人オーナーの医療承継対策──「MS法人」とは

　後継者がいる場合の悩みについて、もう少し掘り下げてみる。厚生労働省
「第21回医療経済実態調査（医療機関等調査）（平成29年実施）」によると、医
療法人の院長の平均給与は2,483万円であり、開業医は高給取りであること
は間違いない。このような開業医の多くが抱える共通の悩みは、「後継者へ
の医療承継」である。

　医療承継は、一般的な事業承継より難しい。それは、医療法人は、株式で
はなく「出資持分」というかたちで所有されることが多く、利益が出ても配
当金を出してはいけないという規則があるためである。この結果、利益剰余
金が蓄積されていって出資持分の相続税評価額を釣り上げ、医療承継時の相
続税が高くなってしまうのである。

　いざ子供が病院を引き継ぐという時、相続税を払うお金がないので病棟の

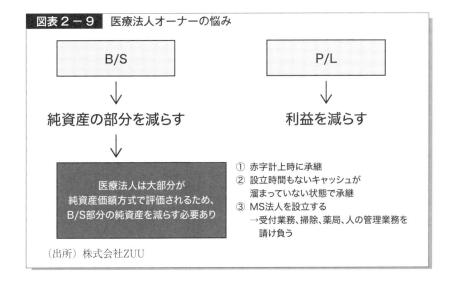

図表２－９　医療法人オーナーの悩み

B/S

↓

純資産の部分を減らす

↓

医療法人は大部分が
純資産価額方式で評価されるため、
B/S部分の純資産を減らす必要あり

P/L

↓

利益を減らす

① 赤字計上時に承継
② 設立時間もないキャッシュが
　 溜まっていない状態で承継
③ MS法人を設立する
　 →受付業務、掃除、薬局、人の管理業務を
　 　請け負う

（出所）株式会社ZUU

一部を売る、というわけにもいかない。医療法人の出資持分は非常に流動性
が低く、一部を換金することも難しい。結局は、銀行から融資を受けて綱渡
り的に相続税を払うか、それができないのなら他の医療法人に売却するしか
ない。なお、2007年に出資持分のある医療法人の設立は禁止されたが、いま
だに多くの病院が出資持分ありの状態である。

　積み上がる利益剰余金への対策として、多くの開業医が行うのが「MS法
人（メディカルサービス法人）」の設立である。MS法人は、病院内の事務作
業の業務委託を受けたり、病院の土地や建物を所有して医療法人に貸し出す
ことによって賃料を得たり、病院内へのテナント誘致をしたりすることに
よって、医療法人に積み上がる利益を吸収する役目を果たす。医療法人の代
表（院長）がMS法人の代表に就くことはできないが、後継者や親族をMS法
人で雇うことは可能である。給与、役員報酬、配当などといったかたちで医
療法人の利益を移転することができ、実質的な生前贈与としての機能も兼ね
ている。また、所得税は累進課税なので、院長１人で4,000万円の所得を得

るよりも、家族4人で1,000万円ずつ得たほうが、所得税も圧縮できる。

　相続税は基本的に現金で支払うことになるので、後継者の手元に現金を積み上げることもできる。MS法人や後継者に溜まっていく現金の有効活用という観点から、不動産投資や有価証券の保有、保険の活用などが行われる。開業医にとって、本来はMS法人などつくらないほうが管理は楽である。しかし、自分が努力して築き上げた病院が一代で終わる危険を考えれば、手間をかけてもいいと思うものである。先の調査で院長の年収は約2,400万円となっていたが、MS法人を通じた開業医の世帯年収は、その数倍にものぼる可能性がある。

(3) MS法人の探し方

　まず、データバンクで医療法人を検索してみよう。たとえば「冨田クリニック」のMS法人である「ZUUスタッフ」について調べるとする。もちろん調べる始めるときは、まだ「ZUUスタッフ」の社名はわかっていない。手始めに、「冨田クリニック」の業績をチェックする。利益があまり出ていない常態が継続していたら怪しい。このような場合には、利益はできるだけMS法人で出るように「調整している」と推測できる。

　次に、冨田クリニックの仕入先や取引先に注目する。仕入先や取引先に「ZUUスタッフ」があったら、今度は「ZUUスタッフ」で検索してみる。事業概況に「冨田クリニックのマネジメント部門」と書いてあればビンゴであるが、そこまであからさまでなくても、営業種目に「不動産等賃貸、業務委託管理」とあれば、MS法人特有のものであるため、高確率で当たりである。また、奥さんを社長にしているケースも多いので、社長の名字や住所を調べてそれと一致していたらほぼ間違いない。

(4) 医療法人オーナー営業のブリッジトーク例

　医療法人の運営や医療承継について、熟知している人は多くない。資産ア

図表2-10　医療法人オーナーへのブリッジトーク例

医療法人さんは配当出せないですよね？
最近、出資持ち分の評価ってはかられたことはありますか？
どれくらいになるかご存じですか？

理事長先生もいずれかのタイミングで
バトンタッチは考えておりますよね？
後継者が出資持ち分を買い取れなくなってしまいますよね？

上記のようにアプローチし、「そこそこわかるやつだな」と思わせる。
医療経営者は企業経営者よりまともなアドバイスをくれる人との付き合いはないことが多い。
「配当が出せない分、こういうスキームがあります。外に法人をつくり、家族を社長におくことで、相談対策になりますよ」と言い、後は税理士や専門家をつれていけばよい。

（出所）株式会社ZUU

ドバイザーでも理解してない人が大多数だろう。そのため、医療法人オーナーは、企業経営者に比べてまともなアドバイスをしてくれる人との付き合いが少ない。まずは、「そこそこわかっているな」と思わせることが重要である。たとえば、

「医療法人さんは配当を出せないので、利益剰余金が溜まって大変ですね。最近、出資持分の評価額を計算されたことはありますか。どれくらいになるかご存知ですか？」

「理事長もいずれかのタイミングでバトンタッチを考えていらっしゃいますよね。このままでは、後継者様が持ち分を受け継ぐことが難しいかもしれません。MS法人での資産移転は行っていらっしゃいますか？」

「僭越ながら、貴院に関してお調べして参りました。●●という会社が貴院の

MS法人とお見受けしますが、こちらに溜まる現預金など流動資産については、やはり不動産や有価証券でご運用されていらっしゃいますか？」

などである。触りだけ話してニーズを喚起することができたら、本社機能や提携税理士を活用して深い提案をしていくとよい。たとえ大きな医療承継案件にならなくても、忙しい開業医にアポを取って面談できたことに意味がある。資産運用に関する別のニーズも拾えることだろう。

⑸　開業医のライフステージ別にあわせた金融商品とは

　開業医を開拓するにあたり、やはり開業医の立場になった視点は重要だ。開業医の典型的なライフステージは、ステージ1「開業」から始まり、ステージ2「患者定着」、そして年間の社会保険診療報酬の金額が5,000万円を超えると租税特別措置法上にある医師優遇税制を享受できなくなることから、ステージ3「法人化」し、ステージ4「引退」でライフステージは終了する。あくまで一般論であるが、ステージごとの資産について、次にまとめた。

〈開業医のライフステージ〉
　ステージ1「開業」
　　➡ キャッシュフローはマイナス、現在価値でみた純資産もマイナス
　ステージ2「患者定着」
　　➡ キャッシュフローはプラス、現在価値でみた純資産はマイナス
　ステージ3「法人化」
　　➡ キャッシュフローはプラス、現在価値でみた純資産もプラス
　ステージ4「引退」
　　➡ キャッシュフローはマイナス、現在価値でみた純資産は大幅にプラス

　今日では、どの金融機関でも幅広い商品を提供できるため、差別化のポイントは「ライフステージに合った金融商品を提供できるか」にあるといえるだろう。ステージ1は保険が重要なステージである。大きなニーズは「開業時の借入金返済原資の確保」と「万一の際の遺族の生活保障」の2つとなる。短期定期保険や収入保障保険を活用したリスクマネジメントが重要になる。

　患者が定着し始めたステージ2では、キャッシュフローはプラスに転じるものの、開業資金の返済が終わっていないことから、現在価値でみた純資産はマイナスのままであることが多い。引き続き「開業時の借入金返済原資の確保」と「万一の際の遺族の生活保障」が大きなニーズとなる。

　純資産もプラスに転じてくるステージ3では、金融商品の提案の幅が一気に広がる。医療法人の理事長を退任するときの退職金準備も進めていくゆとりができてくる。規模が大きな医院であれば、もちろん前述のMS法人の設立なども視野に入ってくる。

　引退するステージ4では医療承継が大きなテーマになる。当然ながら、贈与の基礎控除110万円や税率10%の範囲内である310万円まで枠の活用も提案しておきたい。贈与の基礎控除額は、ある程度の資産がある人に与えられた特権ともいえる。「今年分の基礎控除額は使わないと消滅します。先生が10年後に、10年分の基礎控除額をまとめて使いたいと思っても、使うことはできません」と背中を押したい。

⑹　保険トップセールス牧野氏インタビュー

　ここからは、ZUU onlineプロフェッショナルプランより、年収3,000万円以上の開業医専門の保険トップセールスであり株式会社ウイッシュアップ牧野克彦（まきの・かつひこ）氏のインタビューを抜粋しながら、開業医の実態についてみていこう（インタビューは2019年7月に実施。一部編集あり）。

▶3,000万円の収入がある方は、税引き後でどれくらい残るのですか。

　　——所得税は累進課税なので、1,800万円から1,900万円ぐらいでしょう
　　か。人によりけりですが6割くらいは残るという感じですね。月150
　　万円ぐらいですね。逆にいうと、月100万円ほど税金や社会保険料な
　　どを払っているということになります。

▶年収3,000万円というと、法人化している開業医か、病院の院長、理事長と
いった方たちですか。

　　——そうした方たちは、だいたい3,000万円以上ありますね。小さなクリ
　　ニックでも「○○会」などと医療法人を名乗っているところはクリ
　　ニックの規模の大小にかかわらず、院長の収入は年間3,000万円以上
　　あることがほとんどです。

▶やはり、お医者さんはかなり収入があるのですね。

　　——だいたい売上ベースで1億円ぐらいはないと医療法人化するメリット
　　がありません。だから、医療法人化しているということは、大まかな
　　計算ですが3,000万円以上の理事長報酬は受け取っているということ
　　になります。

▶租税特別措置法による特例もありますよね。

　　——租税特別措置法で、社会保険診療収入が5,000万円以下のクリニック
　　は、税制上の優遇を受けられます。概算経費率といって、診療報酬の
　　一定割合を経費として計上できるのです。その割合が57％から72％に
　　なっています。開業医は税制面で恵まれていますね。

▶中小の事業法人にも優遇措置がありますが、実効税率が2割から3割程度な
ので、それを考えると、医者はかなりの優遇を受けていると言えそうですね。

　　——そうですね。中小零細企業の場合、役員報酬月額100万円以上の社長
　　は少ないと思います。ですから、平均的な収入が最も高い職業といえ
　　ば、日本では開業医がやはりナンバーワンです。

▶上記は医療法人の理事長とか開業医の先生の個人所得の話で、奥様やお子さんを含めたら、ファミリー全体の所得はもっと高い可能性がありますよね。

——奥さんを理事にしているケースはたくさんありますよ。報酬は多くの場合、月に30万から50万ぐらい。だから実際の世帯収入は奥様の報酬も含まれますので3,000万円は超えます。家族を医療法人の役員にする場合もありますし、MS法人を設立して、そこの代表を奥様やお子さんが務めている場合もあります。

——MS法人の場合は、医療法人との間で業務委託契約を結んで、受付や清掃の業務を受託するというかたちをとることが多いです。医療法人の理事の場合は多額の理事報酬を受け取ることはできませんが、奥様がMS法人の代表取締役であれば利益に応じて役員報酬を受け取ることは可能です。

▶医療法人の理事は、報酬に限度があるのですね。

——奥様が理事に就任していても、実際に現場で働いていない場合があります。その場合、奥様の理事報酬が高額だと税務調査のときに否認されることがあります。だから、医療法人の場合、奥様の理事報酬を月50万円以下に設定していることが多いように思います。

▶あらためてMS法人のことを解説していただけますか。

——MS法人は「メディカルサービス法人」の略でして、医療機関などが設立した会社のことです。医療法人にかわって、営利事業を行うための会社ですね。院内の清掃や寝具などの洗濯といった業務を請け負ったり、医療器具や化粧品などの物販を行ったりしています。

——MS法人と呼ばれますが、特別な会社があるわけではなく、会社法上は普通の会社です。特定の医療機関との間だけで、医療に関連する事業を行っているのでMS法人と呼ばれているだけです。

——医療法人の管轄は厚生労働省ですが、一般的な会社となれば管轄は経済産業省。税制面でいいますと、医療法人には事業税がかからないけ

れど、MS法人は普通の会社なので、法人税、法人住民税、事業税が
かかる。このあたりがいちばんの違いです。

▶**MS法人を設立する理由について教えてください。**

——大きく2つあります。1つは節税。MS法人に業務を委託して手数料
を支払うことで、医療法人の利益を減らすことができる。そして、奥
様なり家族がMS法人から給料をもらえば、医療法人にかける法人税
や、先生個人にかける所得税を抑えることが可能です。

——また、MS法人の社長を息子にすると、本来、先生が受け取る報酬の
一部を、業務委託契約を通じて間接的に、子供に報酬として支払うこ
とになり、合法的な生前贈与にもなりますよね。先生がいっぱい儲け
て資産をつくっても、遺産として残してしまうと、多額の相続税を取
られてしまう。そうやって、生前贈与のようなかたちで子供に渡せ
ば、税金を抑えて子供に資産を残せるわけです。

——もう1つは、先生が高齢になっても、生涯現役で診療を続けたいとい
うケースです。これは医師としての生き方、考え方なので、私にどう
こういえるものではありません。実は、医療法人を設立する最大のメ
リットは、そこで資金をプールして退職金を準備することなのです。
退職金は税制面で非常に有利なので、毎年給与で受け取るより、まと
めて退職金で受け取ったほうが節税になるケースが多いです。

——でも、先生が医療法人化して85歳まで現役で頑張ったとします。85歳
で、たとえば5億円の退職金をもらっても使い道があまりないですよ
ね。それだったら「税率の高い所得税を払ってでも、お金が必要な
『いま』受け取って、有効に使ったほうがいいですね」ということに
なります。医療法人に向かない生き方の先生もいらっしゃる。こうし
た先生の場合は、奥様をMS法人の社長にすることによって、所得の
分散ができます。

▶**MS法人は、どんな病院やクリニックにも有効なのですか。**

　——MS法人は生前贈与のために使えるし、所得分散もできる。さまざまなケースでMS法人を活用できます。ただ基本的に、本業であるクリニックが儲かっていないと意味がない。それに、院長先生が65歳を過ぎて70歳ぐらいになると、だいたい売上が下がっていくので、そのときにMSをどう解散させるのかというシミュレーションまでしておかないといけない。

　——この点を忘れている税理士や開業医が多い。「今年の税金を下げる」という目的だけでMS法人を設立してしまうと、最後に困ります。最終着地点まで深く話し合っておけば失敗しないのですが、多くの開業医はそこまで考えていないので失敗してしまう。「先生、MS法人をつくったら今年の税金が下がります」「それでいこう」といった軽い考えでつくっているので、実は多くの先生が失敗しています。

▶**会社の解散がそんなに難しいですか。**
業務委託契約を打ち切って廃業すればいいのではないですか。

　——解散はできますよ。でも、お子さんが代表を務めていた場合、その後のお子さんの収入はどうしましょう。もし、会社の資産が多く残っていたら、その資産の処分はどうしますか。

　——資産を子供にスムーズに移そうと思っても、本体であるクリニックの収入がなくなると、MS法人にも収入が入らなくなるので、コストばかりかかるようになるのです。決算などの法人維持コストとか。だから、解散の手順まできちんと話しておかないといけないのです。

▶**MS法人で収益不動産などを買って、MS法人自体をファミリーの資産管理会社に移行させるのはどうですか。**

　——MS法人を設立しても、設立したばかりの法人には収益不動産を買う資金がありません。その場合、MS法人で不動産を買うには銀行借入が必要になります。銀行借入をするためには保証人が必要ですが、多

くの場合、MS法人の社長は奥様またはお子様です。奥様やお子様は
資産も少なく、収入も多くありません。そうなると銀行も簡単に融資
をしないと思います。また某銀行の不動産への不正融資問題が発覚し
て以来、銀行は収益不動産購入のための融資に対して慎重になってい
るようです。

▶ **最初からお子さんが出資してMS法人を設立したらどうですか。**
そうしておけば、お父様が亡くなっても事業継承にはなりませんよね。

——その場合は、会社設立の時点で、お子さんが成人であり、出資するだ
けの資産をもっているということになりますね。そうした条件もあっ
て、なかなか子供たちが自分で設立するというのも難しいですね。

——だから、意外に難しい。会社を設立して、解散するのは簡単ですけ
ど、それによって本当に所得分散や相続税対策、資産移転という目的
を果たせるかということを考えると、実に難しいことです。細かな通
達を含めた税制に関する知識とスキル、経験がないとできません。設
立してみたものの、それほど効果がなかったというケースが多いで
す。

▶ **平成19年4月の医療法改正で、出資持ち分ありの医療法人が設立できなく**
なりました。それ以前に設立された出資持ち分ありの医療法人に対しては、
純資産が貯まると医業承継が大変だということで、銀行や証券会社が「MS
法人をつくって純資産を減らしましょう」という提案をよくしています。

——平成19年3月までは、出資金は資本金に近い性格でした。いまは基金
と言いまして、いわゆる「寄付」のような扱いになっています。以前
は出資金でしたので、医療法人を清算したときに、残った財産は出資
者のものになった。いまは、拠出した基金の1,000万は返してくれる
けれど、残った財産は国のものになる。新型医療法人は基金形式です
から。

——そのあたりを本当に理解してやっている方は、意外と少ないですよ。

金融機関は金融取引のプロであっても、医療業界のプロではありません
から。実情をきちんと把握していないと、うまくいかない。

——先ほどもいったように、シミュレーションしてやったほうがいいよ、
やるなら根拠と見通しをもってやったほうがいいよ、という話をしま
す。廃業までを見据えたシミュレーションをしないで、今年来年の目
先のことしかシミュレーションしないほうが多いので。「廃業まで考
えて、損か得か」という話ですよね。

▶なかなか数十年先の廃業まで考えて提案をする人はいないですよね。

——もう 1 つは、開業医は離婚率の高い職業といわれています。なぜかと
いうと、学生時代は一所懸命に勉強しています。そして国家試験に合
格すると「先生」と呼ばれるようになります。そして開業して収入が
増えてくると、なかには勘違いをしてしまう先生も出てきてしまうよ
うです。だから意外に離婚率は高いと聞いています。もし、MS法人
の代表を奥様にしていれば、離婚した時に揉めることは目にみえてい
ます。

——また奥様のお金で資本金を出してMS法人を立ち上げた場合も、離婚
したときにMS法人の資産は奥様のものになります。だから資本金は
先生ご自身が出したほうがいいですね。でもその場合、MS法人の株
は生の相続財産になってしまいます。すると相続対策をどうするの
か？　という問題が起こってしまいます。

▶お医者さんも大変ですね。

——単純に「素直に税金を払おう」と考えた途端、すべての問題は解決し
ますよ。「いかに納税額を抑えようか」と考えるので、複雑で難しい
ことを考えなくてはならない。しかし、多くの開業医は、重税感から
逃れたいのでしょうね。だから、いい加減なプランについ乗ってしま
う。私は大雑把な提案を多くみてきました。

——お医者さんも忙しいから、ちゃんと話を聞かない。MS法人にしても

設立前に相談してくれたらシミュレーションするのですが、設立して
から相談されてもどうしようもない。だから、失敗している方はかな
り多いですよ。

▶ **医療法人からMS法人に所得移転する方法として、どのような業務を委託す
ることが多いのですか。**

——まず、人材派遣はできないですよね。ですから、看護師や衛生士らを
雇って、クリニックに派遣するということはできません。派遣業法に
触れますから。MS法人ができるのは、業務委託ですから、受付と
か、総務とか、医療事務といった仕事を受託するというかたちです
ね。たとえば事務であれば、40万円で委託を受け、給料20万円の女性
に担当させる。すると、その差額の20万円が手数料としてMS法人に
残るという感じです。

——このあたりも、最近は税務署の目も厳しくなってきて、以前はそれで
通ったのですが、いまは「手数料の額が高すぎる」として否認される
ようになりました。いまは2割くらいが相場といわれていますね。

▶ **給料が20万円の人なら、受託料は24万円。**

——そうです。だから1人4万円くらいですよ。会社の利益は。10人分の
業務を請け負っても、会社に残るのは40万程度。なかなか所得の移転
とはなりません。年間の売上1,000万円以下だと消費税の納税義務が
免除されるといいますが、1,000万ぐらいの売上なら、設立のコスト
や税理士に支払うコストとかを考えると、設立する意味がありませ
ん。

——3,000万以上の資金をMS法人に移す手段がないと仕方がない。その意
味では、向いているのは皮膚科ですね。化粧品や保湿剤を売れますか
ら。後は歯科。自費診療のセラミック素材やホワイトニングの薬剤な
どを仕入れるのに、MS法人を通すとかできますよね。一方で、一般
内科とか整形外科ではMS法人をつくっても資金をうまく移動できま

せん。

——眼科や歯科は小規模のクリニックでも十分活用できます。1億円ぐらいあれば十分です。眼科は眼鏡やコンタクトレンズがあるでしょう。先生が紹介してMS法人で売るというかたちをとって売っていますね。病院のなかではつくれないのですが、病院の横に小さな部屋を設けて、「ここでどうぞ」というスタイルをとったりしますね。

——診療科によって、MS法人が向く診療科と不向きな診療科があります。眼科、歯科、皮膚科などは向いていますよね。後は自費診療の多いところ。最近では婦人科。特に不妊治療を手がけている病院やクリニックです。不妊治療は、基本的には健康保険の利かない部分がたくさんありますから。

——だから、本当に診療科によって事情は異なります。内科や耳鼻咽喉科などは、設立する意味はほとんどありません。あまり資金を移動する手段がない。

▶病院のなかには、駐車場を経営しているところがありますよね。敷地内にマンションを建てているところとか。

——「MS法人」と言っていますが、一般の会社と変わりません。まったく一緒です。もともとMS法人という概念の法人は、日本の法律や制度上、存在しないので、私たちが勝手に病院関係の株式会社をMS法人と呼んでいるだけの話です。法的には普通の会社なので、何でもできます。

——なので、そのパターンは不動産業の会社でしょうね。車をMS法人で購入し、それを医療法人がリースで使うということができますし、MS法人にマンションを買ってもらって、院長室として借りることもできる。儲かっていたら何でもできるのです。逆に、MS法人があっても儲かっていないと何もできない。MS法人を資産管理会社のように使っている方もたくさんいらっしゃいます。

▶**MS法人ではなく、いわゆる資産管理会社を設立されているお医者さんは、どれぐらいいらっしゃるのですか?**

──少ないですね、1割もいないですね。医療法人が開業医の3割といわれています。そのなかで5%いるかいないか。少ない理由は、必要性があまりないこと、それとそれ以上に面倒だからだと聞いています。多くの開業医は、お金のことを考えるのが面倒くさい、治療だけをしていたい、と思っています。あまり、いろいろなことはしたくない。

──MS法人や資産管理会社などをつくっても、手間はかかるしお金もかかる、それなのに思ったほどカネが残らない、ということで「もう嫌だ」となる方も多いのです。時間と労力を使ってストレスを感じるくらいなら、「最初から税金を払っておいたら、それですむだろう」というわけですね。(引用ここまで)

3 地主(不動産オーナー)

(1) 地主(不動産オーナー)の特徴

　富裕層のなかでも不動産オーナーは、先祖代々土地を受け継いできた「地主」であるか、自らの手で財を築いた「不動産投資家」であるかによって、属性が極端に異なる。高すぎる相続税の納税を繰り返すような経験をしている地主は、税金対策に余念がないので、付き合いの長い税理士が資産承継のための参謀についているケースが目立つ。自分の土地に建てたマンションや駐車場、ビルなどの賃貸収入で生計を立てているので、リスクの高い資産運用には興味を示さず、保守的な人が多いように見受けられる。資産アドバイザーとしては、もどかしさを感じることが多いのがこのケースである。家賃

```
図表 2 －11    地主の特徴
```

地

主

▶先祖代々土地を受け継いできた

▶ストックを活かしきれない

▶高い相続税で没収に次ぐ没収を経験ととにかく税金が大嫌い

▶スムーズな資産承継のために、
　長年付き合いのある税理士が参謀についているケースが目立つ

▶普段は自分の土地に建てたマンションや駐車場、
　ビルなどの賃貸収入で生計を立てている

▶資産運用はリスクの高い運用には興味を示さず、保守的

（出所）株式会社ZUU

などによる収入があるとはいえ、潤沢なストックをフル活用しているとは言い切れないからである。

　「原資が多ければ多いほど、お金を生み出すことは簡単になる」——これは資産運用の基本である。たとえば、資産1,000万円の人が、それを運用して１億円まで殖やすのは至難の業であり、奇跡的に10％の利回りをずっと続けられたとしても、複利運用で25年かかる。しかし、すでに10億円もっていれば、それを運用して１億円を生み出すことは、そう難しくはない。10％運用なら１年、３％運用であっても複利で運用すれば４年しかかからない。

　世の中の個人投資家たちからすると、不動産であろうとすでにストックをもっていることは最高のアドバンテージなのだが、多くの地主はそこに気づいていない。お抱え税理士が面倒な仕事を避けようとして、あえて入れ知恵をしないのではないかと勘ぐってしまうほどである。「先祖代々受け継いだ

土地だから安易に売れない」という気持ちもわからないではないが、固定資産税を払い続けたうえ、相続の時相続税が払いきれず手放すのであれば、あらかじめ一部を現金化して資産運用の選択肢を広げ、最終的にその他の土地を守るという方法もあるはずである。資産アドバイザーが地主に提案することの多くは相続絡み、特に「相続税を支払うためのキャッシュをどう確保するか」になるだろう。

(2) 地主へのアプローチ

まずは、地主がストックを有効活用できているか、できていないかをあらかじめ見極めておくことが重要である。

後者（ストックを有効活用できていないケース）であれば、B/Sの右側が純資産ばかりで負債がなく、左側が土地ばかりという状況にある。利回りの低い土地が多い場合には、総資産に対するキャッシュフロー利回りはきわめて低く、相続が発生した時に現金で支払えず、物納せざるをえない。前述のように土地の一部を現金化して、より利回りを生む資産に組み替える必要があるだろう。対策が間に合わない場合は、物納ではなく延納を検討することも1つの手である。

前者（ストックを有効活用できているケース）であれば、余剰キャッシュフローの再投資が重要なテーマになる。地主の場合、不動産から生まれたキャッシュフローをさらに不動産に再投資すべきかというと、そうではないケースも多い。「総資産に対する不動産以外の資産比率の上昇」を目標として、不動産以外への分散投資を勧めたい。

この数年、資産運用にも相続対策にもなる中間的なものとして、地主の注目を集めているのがフットサルコートだ。そもそも大地主が駐車場を保有するのは、上物がないためにいざというとき売りやすいからである。その点、フットサルコートに必要な上物は、簡易的な事務所とネットと芝くらいであるうえ、駐車場よりも利回りが高いので、建造費をたった1年で回収できる

ケースもあるという。

　また、2016年末に上場したフィル・カンパニーという会社は、駐車場の上に商業施設や住宅、オフィスを建てる「空中店舗フィル・パーク」というユニークな設計手法に特化した会社で、この造りであれば、駐車場のオーナーは駐車場代と家賃の両方が得られる。より良い利回りが狙えるのである。

　ちなみに、「どうしても先祖代々の土地を手放すわけにはいかない」など売却の説得が困難な場合は、所有不動産に借入れの担保が設定されているかを確認するとよい。なぜならば、売れないとしても担保にしてお金を借りることは可能であるからだ。また、不動産が担保になるため、低金利で資金調達できる可能性が高いだろう。資金使途の制限にもよるが、その借り入れた資金で、新規の投資などを行うといったビジネスチャンスも生まれるだろう。

⑶　不動産投資家へのアプローチ

　相続型の地主と違い、不動産投資のノウハウを学びながら自力で資産を殖やしてきた不動産投資家の富裕層は、資産運用に対してはわりあい積極的である。しかし、そのノウハウは不動産専門であって、金融商品については一般人の知識レベルと変わらないケースが多い。また、彼らにとって最も気がかりなことは巨額の借入金なので、資産運用に回すお金があったら繰上返済に回したいと思うのが実情だ。「不動産以外に分散しては」という助言に耳を傾ける投資家はほんの一部である。加えて、投資戦略立案の手練れなので、こちらの資産運用の提案内容や手数料などの条件交渉に対して、かなりシビアなケースが多い。

　不動産投資家の間でこの5年で急増したスキームとして、不動産を保有している資産管理会社（不動産管理会社）のM&Aがある。たとえば、A氏がオーナーの資産管理会社Xで、残債のある不動産を保有していたとする。その不動産をB氏がほしいとなったとき、資産管理会社XごとB氏に売却する

というものである。資産管理会社を丸ごと売却すれば資産管理会社の株式売買となるので、A氏にとっては、税金の関係で利益が大きくなるケースがある。B氏にとっても、過去に借りた融資のほうが条件が良かった場合にはメリットがある。

4 宗教法人

(1) 宗教法人とは

宗教法人とは、宗教法人法により法人となった宗教団体をいう。「宗教団体＝宗教法人」と勘違いする人がいるが、宗教団体のすべてが法人格をもつわけではない。宗教活動自体は個人にもできるが、同じ信仰をもつ個人が集まり集団が形成されると、個人の物とは区別された共有財産が発生し、管理・運営しなくてはならなくなる。そこで、個人とは別個の法人格が必要となる。この維持管理を目的としたのが宗教法人だ。

宗教法人の最大のメリットは、お布施など本来事業の収入はもちろん、境内建物などに関しても課税されないことである。これは、宗教法人が公益法人の一種で、公益事業では剰余金配当と残余財産分配を行うことができないためであり、事業法人や医療法人と決定的に違うところである。ちなみに、宗教法人法第6条第2項により、宗教法人であっても収益事業を行うことができる。

非課税メリットが大きいということは、法律により課せられた条件も厳しいということで、その最たるものが「宗教法人の設立や維持のハードルが高い」という点である。宗教法人を設立する場合、以下の要件をクリアしなくてはならない。

図表 2−12 宗教法人へのアプローチ

宗教の確認
- 宗教法人をあたる場合には まずその宗教法人の宗派を 確認する
- だいたいは京都か奈良に総本山を 置いている

キーマンの確認
- 住職もしくは住職の奥さんがキーマンになる
- 住職の奥さんは医者の奥さんと似ている 社交的、自尊心が高い、 金回りがよいケースが多い

住職が不在だった場合の会話一例

今は住職はいないんです

この人ちょっと わかってるな

総本山のほうにご出張ですか？ 理事会にご出席でしたか？

→ 宗派についてまったくわからない営業を相手にしている分、 ちょっとした会話で他との差別化ができる

（出所）株式会社ZUU

---

① 礼拝の施設その他の財産を有していること
② 布教活動をしていること
③ 日頃から儀式行事を行っていること
④ 信者を教化育成すること

　一見単純だが、各要件の現実的な運用は厳格だ。①は自宅でやっていれば いいというものではなく、境内建物などのように公開性を有していなくては ならない。②〜④については、宗教法人の実態の証明が必要になる。簡単に は宗教法人になれないということだ。

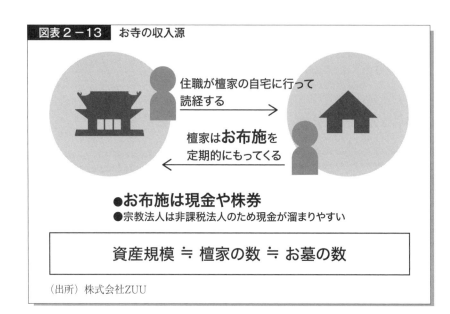

図表2−13　お寺の収入源

住職が檀家の自宅に行って
読経する

檀家は**お布施**を
定期的にもってくる

●**お布施は現金や株券**
●宗教法人は非課税法人のため現金が溜まりやすい

資産規模 ≒ 檀家の数 ≒ お墓の数

（出所）株式会社ZUU

(2)　宗教法人への理解を深める

　宗教法人にあたる際には、まず、その宗教法人の宗派を確認する。だいたいの宗派は京都か奈良に総本山を置いている。キーマンは住職または住職の奥さんであることが大半だ。住職の奥さんは医者の奥さんに似て、社交的で自尊心が高く、金回りがよいケースが多い。宗派とキーマンを理解したうえで、宗教法人の開拓における以下の5つのポイントを紹介しよう。

① 住職ファミリーは一般の人が思う以上にぜいたく好みなのだが、仏の道をいく住職が強欲だと思われることのないように気をつかっている。そのため、表立って「お金儲けしましょう」という感じの提案をしても受け入れられないことが多い
② お布施を株券でもってくる檀家がいるため、たいてい証券会社の口座をもっている。日本で株券が電子化されたのは2009年なので、これはそれほ

　ど昔の話ではない
③　お墓が数十基以上ある寺は、資産の保有額も大きいところが多く、実際に資産運用しているところが多い。各金融機関の営業店の資産運用分野における大手顧客のなかにはいくつか宗教法人が入っていることも多いのが実際だ。なお、お墓を数える単位は基であり、間違っても１個、２個といわないように
④　お盆の時期などが繁忙期であり、そのようなタイミングを外すとよい
⑤　毎月のイベントは収入源でもあるため、それぞれの神社や寺でお祭りをやっているところも多い

　資産アドバイザーの多くは宗派や収入源について理解していないので、飛び込む前に調べておいて、それをトークに散りばめるだけで差別化が図れる。たとえば、お寺に飛び込んでも住職が不在という場合が多々あるが、その際には「総本山がある○○にご出張中ですか」「理事会にご出席ですか」というように返してみると、印象に残りやすい。

　お寺の収入源を知っているだろうか。檀家からのお布施である。お布施は現金等で受け取るので、税金が優遇されている宗教法人には現金が貯まりやすい。住職はお布施をもらう代わりに、檀家の家に行って読経をするわけだ。したがって「資産規模≒檀家数≒お墓の数」と言える。

(3)　宗教法人の開拓に有効な切り口

　「内部留保の活用」を勧めてみることが、切り口の１つとして良いアイディアだと考えられる。一般的に、若い世代ほど宗教に興味が薄い人が多いので、業界的には先細りであることを、住職本人も感じている。ところが、先のことを考えて収入源を広げたくとも、非課税法人であるため事業拡大には制限がある。そこで、「非課税で溜まりやすい内部留保を運用しましょう」という提案をしてみると、関心を示してもらいやすい。

　とはいうものの、宗教法人には元本割れリスクをご法度とするところが多

い。それをふまえると、債券運用や、近年は低金利のために募集を停止しているかもしれないが元本確保型の年金保険などを勧めることが現実的だ。保険会社によっては、プラス20％や30％というように運用ターゲットを決め、ターゲットに届けば解約返戻金として手元に戻り、運用がうまくいかなくても10年後は元本が戻ってくるような円建て保険もある。

　なお、非課税法人に対して、オペレーティング・リースのような節税の提案は必要ない。そのような提案をすると、「宗教法人のことを何もわかっていない」と思われてしまうので、注意が必要である。

図表2－14　宗教法人への提案のポイント

若い世代ほど
宗教に興味が薄く、
業界的には先細りになるのを
住職本人も感じている

先のことを考えて
収入源を広げたくとも
非課税法人のため
事業に制限がある

↓

内部留保を運用することを提案する

POINT!

●元本は減らせないので固い債券を運用する
●元本確保される商品を選択する
●節税ニーズはないので節税商品はいらない

（出所）株式会社ZUU

5　超富裕層（上場企業オーナークラス）

⑴　超富裕層がお金を払ってもよいと考える 6 つの関心事

　まず、超富裕層の関心事に精通していることが大事だ。超富裕層の関心事は、基本的に図表 2 −15 の 6 つに集約できる。これは、そのままプライベートバンクの支援メニューでもある。

　最初に資産防衛。具体的にいうと税金対策と資産分散である。2 つ目は教育。子女教育や後継者育成、海外留学、塾、習い事などである。超富裕層のなかには、子弟に月50万円の家庭教師をつけている家もある。家庭教師やスイスのボーディングスクールなどのような超富裕層向けの教育について情報をもっていたり、さらに紹介ができたりするとよいだろう。3 つ目は健康。

図表 2 −15　超富裕層の 6 つの関心事
資産防衛：税金対策・資産分散など
教育：子女教育・後継者育成・海外留学・塾・習い事など
健康：医療・老人ホーム・美容・アンチエイジングなど
娯楽：旅行・高級嗜好品・飲食・クルーザー・ジェットなど
セキュリティ：防犯・保険など
フィランソロピー：寄付・エコ・社会貢献など

（出所）株式会社ZUU

腕の良い医師を知っていることのほか、美容、アンチエイジングなどの分野についても同様である。たとえば、都内某所の会員制クリニックは、入会金が数百万円、年会費が数十万円であるが、非常に丁寧にあらゆるところをみてくれる。4つ目は娯楽、なかでも高級旅行や高級嗜好品の店などである。たとえば、予約さえ取るのが難しい良い店や、クルーザー、プライベートジェットなど。5つ目はセキュリティ。防犯や保険の分野ではセコムやALSOKなどである。6つ目はフィランソロピー。寄付、エコ、社会貢献分野である。

(2) 上場企業オーナーを悩ます「3％ルール」とその対策

以下に元野村證券プライベート・バンキング部の税理士だった佐野比呂之税理士事務所、合同会社パープル・リングス代表の佐野比呂之（さの・ひろゆき）氏がZUU onlineで書いたコラムを抜粋、一部編集してお届けする。

● オーナーが受け取る株式配当金課税の概要

企業オーナーは自身が所有する会社から配当金を受領するので、その配当金に対して所得税と住民税（以下「所得税」とする）が課税される。通常、上場会社からの配当金は証券会社における特定口座で管理されており、その特定口座内で20.315％（所得税及び復興所得税15.315％、住民税5％）の源泉徴収（源泉分離課税）も行われる。

なおかつ、株式の譲渡損がある場合には確定申告することもなく当該譲渡損と配当金の損益通算も自動的に行われることとなり、総合課税が適用される事業所得等の他の所得と比べ非常に優遇されている。

一方、企業オーナーは通常3％以上の株式保有割合であることから別途「大口株主」として扱われることとなる。大口株主が内国法人から受ける上場株式等の配当金については、一般口座での受取りはできるが、特定口座（源泉徴収あり）への受入れはできない。

しかも課税方式が総合課税に限定され、高額な役員報酬等と合算した後に

課税されることとなり、最高税率は49.44％（配当控除考慮後）と少数株主とは比べものにならない重課がされてしまう。この３％のバーを俗に「３％ルール」と呼ぶこともある。

● **資産管理会社利用によるオーナー受領配当金への税効率の改善**

大口株主判定は株式保有割合が３％未満か３％以上かで形式的に判定されるので、保有割合が４％のような場合には非常に悔しい思いをすることになる。では、保有割合４％の企業オーナーに対する配当金課税を回避する方法はないのだろうか？

手っ取り早い方法は1.1％分を市場で売却してしまうことだ。売却後は保有割合2.9％となり、少数株主扱いとなる。ただ、企業オーナーは保有割合や経営上の理由から外部に保有株式を売却することが困難な場合がある。このような場合にはあきらめるしかないのだろうか？　解決ヒントは資産管理会社にある。

● **ポイントは資産管理会社の「受取配当金の益金不算入制度」**

外部への株式売却が難しい場合にはあらかじめオーナーが資産管理会社を設立し、当該資産管理会社に対しオーナー保有株式割合３％未満となるように株式を異動（譲渡）する方法がある。この場合、オーナーが依然保有する株式に対する配当金課税は総合課税から申告分離課税となり、税率も20.315％と非常に有利となる。なお資産管理会社へ異動させた株式に対する配当金課税は所得税から法人税へと変わる。

ここでポイントとなるのが、法人税法上の受取配当金の益金不算入制度だ。資産管理会社が保有する上場会社株式から受ける配当金は、上場会社での利益が源泉だが、当該利益にはすでに上場会社にて一度法人税等が課税されている。その後にオーナーが資産管理会社から受ける配当金に対しては、資産管理会社で法人税が課税された後、所得税が課税されるが、このオーナーが受領する配当金の源泉も元をたどれば上場会社の利益だ。

したがって、同一の配当源泉（利益）に複数回の法人税課税が回避するた

めに設けられているのが受取配当金の益金不算入制度だ。つまり、資産管理会社のような法人が受け取る配当金に対しては、原則として法人段階で法人税を課税しないこととする制度である。

　受取配当金の益金不算入制度では資産管理会社が保有する株式保有割合に応じて図表2－16のように区分される。

　すなわち、資産管理会社の株式保有割合が3分の1超の場合には受取配当金の全額が不課税とされ、5％超保有の場合にはその50％が、5％以下の場合でも20％不課税扱いとなる。

　オーナーに対する所得税総合課税の適用税率にもよるが、仮に総合課税最高税率の49.44％で課税されていた場合、保有株式の一部を資産管理会社に異動させることで、オーナーへの配当金に対する課税を税率20.315％の申告分離課税制度に移行することができる。また資産管理会社での受取配当金に

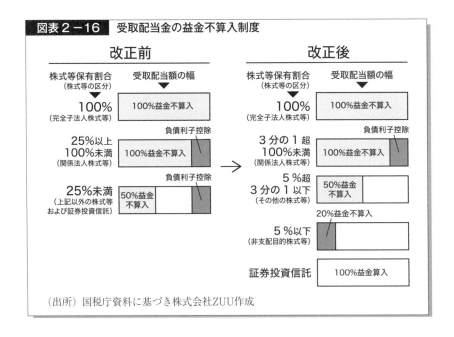

図表2－16　受取配当金の益金不算入制度

（出所）国税庁資料に基づき株式会社ZUU作成

対する法人税課税は法人税率（法人税・法人住民税・法人事業税等）が仮に30％とした場合、当該受取配当金に対する実効税率は以下のとおり異動前と比べ非常に有利となる。

【保有割合 3 分の 1 以下の場合】
　　法人税率30％×（1－益金不算入50％）＝実行税率15％
【保有割合 5 ％以下の場合】
　　法人税率30％×（1－益金不算入20％）＝実効税率24％

　私がプライベートバンカーだった時代は改正前だったので、株式保有割合25％以上で100％益金不算入、オーナーの大口株主該当基準が 5 ％以上であったことから、通称「 5 ％25％スキーム」としてよく提案していたものだった。

● オーナー保有株式の資産管理会社への異動時の留意点

　オーナー保有株式を資産管理会社に異動される場合には大きく金融商品取引法上と所得税の 2 つの留意点がある。

　オーナーのような大口株主が株式を売却する場合には他の少数株主への配慮が必要となることから、ケースによっては株式公開買付規制（TOB規制）等の金融商品取引法上のルールの検討が必要となる。

　またオーナーが創業時から株式を保有している場合には通常、上場後に多額の含み益を有していることから、資産管理会社に保有株式を譲渡する場合に株式譲渡所得税への配慮が必要となる。したがって、資産管理会社への株式譲渡は上場前の未上場株式の段階で行ったほうが税法上は有利になることが多く、またこの場合には上場前であることから通常TOB規制への配慮も不要ということになる。

　ただし、資産管理会社への株式譲渡が上場直前のような場合には、上場審査上問題になることが多いため、将来確実に上場を目指すのであれば、創業

時や上場時期と相当期間離れた時期に行うべきといえる。なお、その場合でも上場する企業と資産管理会社との間で事業競合する関係がある場合には上場審査上問題になることから、通常、資産管理会社は「オーナー一族の金庫」として本業と関係がない不動産管理や一族の運用ツールの位置づけとすることが一般的だ。

● 資産アドバイザーにおいては

上記のとおり、資産管理会社を利用した配当金対策は、理想としては創業時に行うことができれば所得税や金融商品取引法上の検討が不要となる。したがって将来確実に上場するというオーナーを見つけた場合には、本稿におけるアドバイスをしてあげることで創業時からのお付き合いとなれる。他の資産アドバイザーが近づいてくることをブロックでき、別途資産管理会社の管理も必要となることから末永い関与の可能性が見込める。

また昔は大口株主基準が5％未満だったが、改正によりその後3％未満と判定基準が厳しくなっている。さらに受取配当等の益金不算入制度も、上記の表のように以前は25％以上保有していれば100％益金不算入、25％未満の場合には50％益金不算入だったが、100％益金不算入を受けられる株式保有割合が3分の1超とこれまた厳しくなっている。

一方、50％益金不算入や20％益金不算入の基準は緩和している。それにもかかわらず、これらの税制改正に対する対策が未了のオーナーもまれに存在するので、会社四季報等でオーナーや資産管理会社の株式保有割合に注目していれば、新たな提案チャンスが見いだせるかもしれない。(引用ここまで)

● ブロックトレード

オーナー個人名義の持ち分を減らす場合は、受け皿がいないため、市場外で買ってくれるファンドを探すか、市場で板を壊さないように売却するかになる。いずれも流動性がない場合には難しいうえ、多くのオーナーは多忙なので少しずつ売る時間もない。そこで、市場外で取引を行う相対取引の一種「ブロックトレード」という手法が活用されることがある。

　たとえば、ある会社の大株主の持ち株5％分をまとめて証券会社が引き受けるとする。引き受けた証券会社は、下落リスクや流動性リスクなどをかんがみ、市場価格からx％ディスカウントといったかたちで売却を引き受ける。このx％が証券会社の利益であり、なるべくディスカウント分を保ったまま、板を傷つけないように引き受けた株数を売却できるかが証券会社の腕の見せ所だ。なお、ブロックトレードすることが他社に漏れると先回りして空売りされてしまうリスクがあるため、コンペも行わず、限られたメンバーで実行するのが一般的だ。

⑶　超富裕層の実態　上場企業オーナーの対談より

　2018年8月に、東証一部の某企業（2020年7月時点で時価総額は5,000億〜1兆円のレンジ内で推移）の創業者A会長とZUU冨田による「企業オーナー・経営者が真に求めるサービスとは」という論題の対談の要約を掲載する。

> **冨　田**　A会長はもちろん膨大な規模の資産をおもちですね。私の勝手な推測ですが、おそらく、1つの支店の預かり資産規模ほどではないでしょうか。
>
> **A会長**　勝手に株が上がっていくものですから（笑）。
>
> **冨　田**　勝手には上がっていかないですよ（笑）。
>
> **A会長**　税理士から「相続税だけで数百億円は要ります。現金を用意しておいてください」と言われています。
>
> **冨　田**　金融機関といま、どのような付き合い方をされていますか。
>
> **A会長**　出資金は手元資金から出しましたし、2年目からある程度利益を出していたので、実はいままでに銀行からの借入れをしたことがないのです。
>
> **冨　田**　金融機関にとっては、あまりいい先ではないですね。
>
> **A会長**　いまは会社も現金で数百億もっていますから、申し訳ないですけれ

ど銀行から借りる必要はない、そんな状況です。

冨　田　個人のほうでも、プライベートバンクなどから「個人資産を運用してください」と言われませんか。

A会長　正直な話、会社にしても個人にしても、本業以外で儲ける気はないです。

冨　田　現役金融セールスの皆さんにとっては暗い話ばかりですね（笑）。

A会長　銀行や証券の方には申し訳ないですけれども……（笑）。サラリーマン時代も外資系だったので、当時30歳くらいで約500万円の基本給に加えてインセンティブが500万円ほど、つまり年収1,000万円くらいでした。そのうえ、営業を頑張ればインセンティブをさらに伸ばすことも可能。であれば、「本業で儲ければいいや」という感じです。経営者になってからも、会社の業績を伸ばして役員報酬や賞与を増やし、上場したら自社株を高くすれば、資産運用するよりはるかに儲かります。ですから、本業中心でしっかりやらないといけません。証券会社とも付き合いがあるので、「電力は絶対安定していますよ」といわれて電力債を買ったら、そのとたんに3・11で低調になって……。仕組債を買ったこともあります。利回り9％ということだったのですが、9％で回ったのは1年だけで、その後リーマンショックがあって、「向こう36年間ずっともってないとあかんよ」とか言われまして……。もう仕組債は買えません。投資信託も何回か買いましたが、新聞にも出たように、多くの人が含み損です。考えてみれば、アメリカで高い給料の人が商品をつくって、日本で給料が高い金融機関の営業マンが売っているのですから、コストはかなりかかっています。そうすると、本当に儲かるのかな、そんなに甘くはないでしょう。だから、私は自分の力で自分の給料を上げ、自分の会社だったら自社株を上げます。

冨　田　いまの会長のお話のなかに、金融機関にとっていくつか重要なポイントがあると思います。その1つは、企業オーナーや経営者が「どのよう

なサービスを求めているか」ということです。法人を担当している営業パーソンであれば特に、本業マッチングや事業支援を勧めようとすると思います。会長のお話の中心は、結局オーナーにとっては、本業を伸ばして自社株の価値を上げたほうが、個人の内部留保を運用するより大きなリターンになる、ということでした。私自身も上場してZUU株の60％以上をもっていますが、そういう立場になるにつれて、本質的なことがわかってきました。会長くらいの規模の会社になったオーナーを、PB（プライベートバンク）時代にかなり担当させてもらいましたが、やはり多くの方が同じことを言います。本業が企業オーナーの個人B/Sにかかっている影響力という意味では、先ほどの会長のお話がかなり本質的なところなのだろうとあらためて思います。

A会長　誰もが知る東証一部の上場企業オーナーの話ですが、彼にどのような個人の資産運用をしているかと尋ねたら、「何もしていない」というのです。住民税を含めた所得税が50％を超えていますよね。ほかにも税金をかなり払っている人が多いと思います。うちでは、妻や娘は私の資産管理会社でマンションを何棟かもっていて、そこから役員報酬を取っているのですが、1,000万円を超えると法人税のほうが安いのです。社会保険などがかかりますから。ですから妻も娘も1,000万円を上限にしています。私についていうと、役員報酬と役員賞与、後は配当がきますけれど、全部合算です。上場株でも3％以上もっていると、すべて総合課税ですから。この所得税と地方税とで、収入の半分以上が出ていきます。そのうえ相続税を55％払わないといけません。いったん私が55％払って、仮に妻に半分、娘2人に4分の1ずついくとして、今度は妻がまた55％払って……というように、税金の負担は非常に大きなものになります。ですから、資産運用よりも税金をどうするかという問題のほうが、はるかに関心があります。そこでいま、私はマンションを100戸以上もっています。

冨　田　マンションを100戸以上。

A会長 先週も港区某所に土地を買ったので、5階建てくらいのビルを建てるつもりです。

冨 田 何坪くらいですか。

A会長 100坪くらいです。すると、昨日さっそく駐車場運営会社から「設計に半年か1年かかる間、月200万円で貸していただけませんか」という話がきました。仕事の早い、なかなか鋭い営業マンだと思います。

冨 田 仮説営業の神髄ですね。

A会長 私の買うマンションは、すべて都内の駅から1～2分のところ、それも新築です。それであれば賃貸の需要はありますから。（引用ここまで）

第 **3** 章

富裕層・経営者への
アプローチ方法

準 備 編

営業のプロセスには、大きく分けて「マーケティングプロセス」と「コンサルティングプロセス」の2つがある。マーケティングプロセスとは、リスト選定や情報収集、アプローチ、見込顧客管理というような、対象先にアポを取るまでのプロセスを指す。コンサルティングプロセスとは、面談やプレゼンテーション、検討、成約、アフターフォロー、リピートというような、アポを取った後のプロセスを指す。

　質の高いコンサルティングプロセスに移行するためにも、本章にあたるマーケティングプロセスが営業の命である。特に、リスト選定の方法や、その質によって、営業成績の大部分が決まってしまうと言っても過言ではない。リスト選定を誤ると、どんなに素晴らしい商品をもっていても、どんなに人の心を動かすプレゼンテーションができても、ニーズがない人にひたすら追いかけることになってしまうからだ。

1　リストの重要性──最重要顧客のペルソナから逆算する

(1)　「良い顧客」とは何を指すのか定義する

　多くの資産アドバイザーにとって、「富裕層（対象先）を見つけること」は1つのハードルになっている。努力を重ねているにもかかわらず、営業成績が伸び悩んでいるとすれば、顧客リストを見直してみるよい機会である。顧客リストが会社から渡される、もしくはルート営業で営業先が決まっているという場合を除き、リスト選定ほどPDCAを回したときの成果が直接的な数字に現れるプロセスはない。資産アドバイザーであれば誰しも、「懐が深く資産運用のモチベーションの高い、継続的に付き合ってくれる『良い顧客』を増やしたい」と考えるものである。

　しかし、「良い顧客」とはどのような顧客セグメントで、どのような共通

点を抱えているのか、といった因数分解をきちんとしない限り、取るべきアクションがわからず、リストの改善もできない。リストづくりは、「世の中にどのようなリストがあるのだろう」ではなく、「想定ターゲットはどのような属性の人たちなのだろう」という着眼点から始めることが重要である。

　まずは、想定ターゲットの特徴を分解し、そこから仮説を立て、リストのつくり方を探り、検証し、精度を上げていくことから始める。資産アドバイザーの場合、富裕層が最重要顧客のペルソナとなるケースが多いと考えられるが、ひと口に富裕層といっても、年間のキャッシュフローが潤沢な「フローリッチ」とバランスシートの純資産が潤沢な「ストックリッチ」があり、一概に一括りにはできない。まずは、富裕層にはどのような特徴（因子）があるかメモに書き出し、リスト作成のヒントがないか考えてみるとよい。たとえば、以下のような特徴が考えられる。

・オーナー社長
・医療法人オーナー
・弁護士事務所の代表
・ビル（不動産）オーナー
・地域の地主
・地域で有名な神社の神主や寺院の代表
・大手上場企業の役員
・昔の有価証券報告書に記載されている役員（高額の退職金）
・昔の高額納税者リストに記載されている人
・子供を有名私立小学校に通わせている人
・ロータリークラブや法人会の上位役職に就いている人
・地価が高い地域に大きな家（不動産）をもっている人
・「一番地」の住所に住んでいる人
・会員制のホテルやスパリゾート、ゴルフ場の会員
・飛行機のファーストクラスを使う人
・百貨店の外商が自宅に訪れる人
・M&Aでバイアウトした元企業オーナー

・IPOをした（または実施予定の）企業の役員以上
・資産管理会社保有者

(2) 着眼点の例「資産管理会社」

　上記のリストを書き進めていくときに目に留まるのが、資産管理会社の存在だ。資産管理会社をもつ人はかなりの確率で富裕層であり、周りの先輩で資産管理会社を重点的に攻めている人は多くないだろう。もし、資産管理会社のリストをつくることができれば、効率的に富裕層にアプローチできると思われる。

　株式の配当収入には、一般的に約20％の「配当課税」が課されるが、「上場企業の株式を３％以上保有している個人」の場合、日本の税制では、その配当収入は総合課税の対象となり、他の所得と合算されてしまう。つまり、配当収入が配当課税ではなく所得税の対象となるので、4,000万円を超える人は所得税が最高税率の45％となり、住民税10％と合わせて55％が課されてしまう。

　対象金額が高額なだけに、20％と55％の差は非常に大きい。そこで、節税対策として上場企業の大株主が行っているのが、保有株式を資産管理会社に移す方法である。資産管理会社は法人なので配当収入は「営業外収益」となり、法人税の対象となる。たとえば、東京都の法人税実効税率は約30％であり、個人で受け取る55％に比べて税率をかなり下げることができる。法人設立費やランニングコストをかんがみても、十分におつりがくる。

　そこまでの富裕層ではなくとも、資産管理会社を設立するメリットはある。法人は費用計上の幅が大きいため、個人の保有資産を資産管理会社に移すことによって、収入と費用（経費）を相殺することも可能になる。また、法人の赤字（繰越欠損金）は最大９年繰り越すことができる。富裕層営業をしていて、高級車の購入代金や高級賃貸レジデンスの賃料を法人経費として

いる人に出会ったことがあるだろう。もちろんルールにのっとって会計処理をする必要はあるが、億単位の資産をもつ人であれば、資産管理会社を設立するメリットは十分にあるものと考えられる。

2　リストの作成──データベースや無料リストの活用

(1)　資産管理会社の探し方

　それでは、資産管理会社をどのように見つければいいだろうか。いちばん見つけやすいのは帝国データバンクと思われる。すでにあたりたい企業が決まっている場合、帝国データバンクで株主をみると、企業名が入っていることがある。資産管理会社に株を移しているため、そこに事業会社の名前がくることが多いのである。こうして資産管理会社とおぼしき会社名を見つけたら、次はその会社を帝国データバンクで検索すると、ヒットしないこともあるが、「この会社は怪しい」という最低限の情報を掴むことはできる。1つの情報だけであれば誰もが調べているが、情報と情報をつなげて仮説を立てることで差別化を図れる。精度の高い仮説を立てて初面談に臨むと、相手に「初めて来たのによく知っているな」と思われて、自分のプレゼンスが大きく上がる。

　それでは資産管理会社のリストをつくるには、どうすればよいだろうか。冨田が野村證券時代に、実際に活用していたスクリーニング方法を紹介する。たとえば、帝国データバンクや日経テレコンで、

・従 業 員：5名未満
・売　　上：5,000万円以上
・営業科目：「貸事務所業」「貸家業」「その他投資業」など

資産管理会社の資産の保有状況は、
信用情報データベースを用いることで判断する

株主の欄に企業名が入っていないか
今度はその企業について、さらに検索をかける

１つの情報を徹底的に掘り下げ、結びつけていく

帝国データバンク、日経テレコン、といったような外部情報を徹底して調べつくす
ことによって、その会社の資産管理会社の状況に対する仮説形成ができる
仮説検証を繰り返すことで、判断力は向上していく

外部情報から、その会社を丸裸にする力が、
凡百の営業との差別化につながる

▶公開情報から、顧客の情報を知り尽くすことで、「できる人間」と思わせる
▶資産の状況を知ると同時に、能力に対する信用も得られる
▶公開情報しか使っていないため、情報漏えいのリスクはきわめて少ない

（出所）株式会社ZUU

　とスクリーニングしてみる。原則として、資産管理会社はファミリーカンパニーであるので、従業員は少ない。不動産や有価証券を保有することが多いため、業種は不動産管理や投資業であることが多い。これだけでも、資産管理会社の可能性が高い企業一覧が表示されるのではないだろうか。さらに検索条件を足せば、地域を絞り込むこともできる。それでも抽出件数が多い場合には、

・従業員：３名未満
・売　上：１億円以上

でスクリーニングし直してみてもよいだろう。

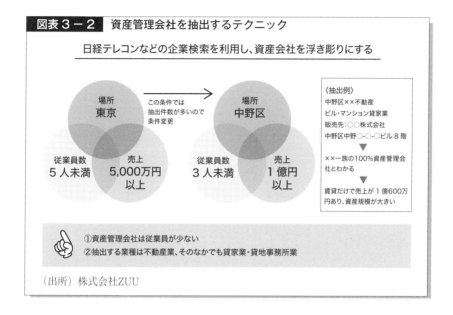

図表3－2 資産管理会社を抽出するテクニック

日経テレコンなどの企業検索を利用し、資産会社を浮き彫りにする

場所
東京

従業員数
5人未満

売上
5,000万円
以上

この条件では
抽出件数が多いので
条件変更

場所
中野区

従業員数
3人未満

売上
1億円
以上

〈抽出例〉
中野区××不動産
ビル・マンション貸家業
販売先：○○株式会社
中野区中野○-○-○ビル8階
▽
××一族の100％資産管理会社とわかる
▽
賃貸だけで売上が1億600万円あり、資産規模が大きい

①資産管理会社は従業員が少ない
②抽出する業種は不動産業、そのなかでも貸家業・貸地事務所業

（出所）株式会社ZUU

(2) データベースの活用

　帝国データバンクや日経テレコン、東京商工リサーチなどのデータベースは便利であるが、うまくスクリーニングをかけないと膨大な分母となってしまう。スクリーニング条件の設定は、リストの精度に大きな影響をもつのでこだわりたい要素だ。法人であれば、主に次のようなものがある。

> 所在地、業種、従業員数、設立年月日、資本金、売上、利益、販売先、仕入先、取引銀行、株主、社長の生年月日、社長の自宅住所、社長の趣味、社長の出身大学、社長の出身地など

　資産アドバイザーのように、提供する商品（サービス）の幅が広い場合は、商品毎に最適なターゲットも異なる。極端にいえば、円建て終身保険と

ブルベア（レバレッジ型投信）では、ターゲット層が大きく異なるはずである。複雑な商品になると、なかなか理解できない顧客層もいるので、多少手間がかかっても、商品ごと、ターゲットごとにベストなスクリーニング条件を探すようにしたい。

　ここで、実際に冨田が大きな成果を上げた検索条件を紹介する。

　私は運用提案する法人を選ぶ際、売上の大きな企業を狙って他社と競合するよりも、地域に根ざした中小企業にあたったほうが成約率が高いのではないかという仮説を立てた。たとえば、以下のような2社があったとする。

　「設立5年・売上50億円・利益2.5億円」のA社

　「設立30年・売上10億円・利益0.5億円」のB社

　限られた時間で営業する場合、このような2社のうち、私はB社を選んだ。売上が大きいA社は、一見すると資金が豊富に思えるが、運用より事業規模の拡大を重視する可能性も高い。一方、創業30年の企業は、これから大きく規模を拡大するという選択肢を取る可能性が相対的に低く、かつ内部留保が溜まっていて資産運用ニーズがより高いと考えられるからである。検証した結果、この仮説はかなり使えることに気づき、「設立30年以上」という検索条件はその後も多用することになった。

---

(3)　無料リストの活用

　所属する金融機関によっては、使えるデータベースが少ないこともあるかもしれない。資産アドバイザーの場合、所属金融機関が帝国データバンクや日経テレコン、東京商工リサーチ、ブルームバーグといった情報ベンダーと法人契約していることが多いと思われるが、個人でもアクセスできるケースがある。たとえば、帝国データバンク単体であれば、ウェブから登録すると、企業の簡易情報が1社当り500円前後でみられる。また、東京商工リサーチもオンラインで安価に閲覧できるサービスを始めている。

　ほかにも、世の中には無料で使える情報が多々ある。たとえば、ウェブ版

電話帳のｉタウンページを使えば所在地を○○丁目レベルまで絞ることができるほか、キーワード検索機能で特定の業種を絞り込むこともできる。試しに自身の実家周辺や、担当営業範囲のなかでも特に詳しい地域を調べてみてほしい。おそらく、意外なところに法人があって驚くことだろう。資産管理会社やサムライ業の場合、自宅住所で登記をすることもある。豪邸の住所に法人があり、業種が不動産になっていれば、資産管理会社（不動産管理会社）の可能性も高い。

　医療法人オーナーを探すために保健所も使える。保健所に行けば、その地域の医療法人のリストを無料または有料で取得できる。ネットに掲載されているケースもある。電話帳や日経テレコン、業界団体のホームページなどはすべての該当企業を網羅するわけではないが、行政が絡んでくると開示率は100％である。ちなみに、保健所では飲食店のリストも入手できる。飲食店情報を掲載して収益を上げるサービスプロバイダーは、実際に保健所から最新のデータを入手して営業をかけているようだ。

　住所ネタをもう1つ。「かつてこの周辺は、全部うちの土地だった」が口癖の地主に会ったことがある人もいるかもしれない。そのような地主は、土地を切り売りしていった結果、その多くが一丁目一番地や二丁目一番地など「一番地」に住んでいることが多い。担当エリアの「一番地」をもう一度確認してみてはどうだろうか。地域によっては、地主の名前自体が地名になっているケースもある。

(4)　成長企業の見つけ方

　創業から時間が経っている老舗企業は、内部留保が厚く、法人運用ニーズがあると前述したが、一方で、急成長している企業も重要な対象先になりうる。では、成長している企業をどうすれば見つけられるか。これもやはり仮説を使って、伸びている企業の特徴を洗い出していけばよい。たとえば、次のような共通点があげられる。

新卒採用を10人以上している中小企業

➡新卒が入社するのは１年半も先の話なので、ある程度、経営に自信がないと多くの新卒を採用できない

日経新聞に広告を打っている中小企業

➡日経はとくに広告単価が高く、それだけ広告費に投じる企業体力がある

売上伸び率ランキングをネットで検索

➡東洋経済新報社などが発表している。未上場企業を集めた四季報も存在する

「本社移転」でネット検索

➡よりグレードの高いオフィスビルに移ったのであれば、業績好調の可能性が高い。ただし、縮小の可能性もあるので、その見極めも必要

リクナビなど比較的高額な求人募集サイトに出稿している中小企業

➡特に特集記事で取り上げられていたら、さらに高額な広告費を出している可能性が高い。また、人材を集めて事業を大きくしたいという現れでもある

「資金調達」でネット検索

➡億単位の資金調達を発表した企業は要注目

「買収」「M&A」「株式取得」などのキーワードをネット検索

➡企業買収は時間を買う行為でもあり、企業買収をする企業は事業拡大の本気度が高い

これらの項目は、いずれも仮説から導き出せる。ペルソナからの逆算で、「成長過程にある企業は従業員を増し、オフィスも拡張し、広告も積極的に出す」と特徴をリストアップしてみれば、上記のような検索手段は無限に出てくるはずである。

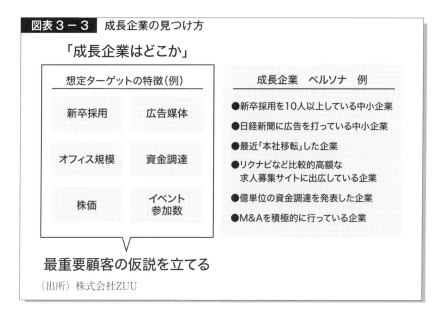

図表３−３　成長企業の見つけ方

「成長企業はどこか」

想定ターゲットの特徴（例）

新卒採用	広告媒体
オフィス規模	資金調達
株価	イベント参加数

成長企業　ペルソナ　例

- ●新卒採用を10人以上している中小企業
- ●日経新聞に広告を打っている中小企業
- ●最近「本社移転」した企業
- ●リクナビなど比較的高額な求人募集サイトに出広している企業
- ●億単位の資金調達を発表した企業
- ●M&Aを積極的に行っている企業

最重要顧客の仮説を立てる

（出所）株式会社ZUU

⑸　「すでに資産運用について理解が深いか」も重要

　「競合の多いレッドオーシャンを避け、競合の少ないブルーオーシャンを狙う」のがマーケティングの定石であり、それを顧客リストのスクリーニング条件に含めることは重要である。前述した「資産管理会社のリストアップ」などは、まさにそれである。しかし、それはどんなケースにでも当てはまるわけではない。「顧客にすでにその商品への理解があるか否か」も非常に重要なスクリーニング条件となる。冨田がそのことに気がついた事例を、以下で紹介する。

　大学卒業後、私が配属されたのは野村證券Ａ支店だった。この地域は数多くの証券会社がしのぎを削っており、なかでも最大のライバル会社が、3kmほど南にある駅前に支店を構えていた。そのため、この駅周辺はライバル会

社の「牙城」とされ、そこでの営業は避けることが通例であった。

　しかし、生来負けず嫌いな私はこの駅周辺もおしなべて営業し続けた。ある日、自分の営業実績を数字で追っていて、このエリアの受付突破率が少し高いことに気がついた。さらに細かく分析すると、ライバル支店の半径1km圏内での成績が、特に良いことがわかった。

　これはなぜか。浮かび上がる仮説は、「ライバル会社の資産アドバイザーたちが何年もかけて営業してくれたおかげで、証券会社との取引に抵抗がない顧客が多いからではないか」というものだ。この仮説は、その後、この地域の顧客から直接ヒアリングをして立証することができたという。あえてライバル会社の牙城で営業することは、多くの資産アドバイザーにとって見落としがちな視点なのかもしれない。

　もう1つ例をあげよう。資産運用に関心が高い先は、そうでない先に比べて顧客化しやすい。では、どのような先が資産運用に関心が高いのだろうか。当たり前のことながら、すでに資産運用している人は資産運用への関心が高いはずである。

　そこで、資産運用していることを確実に見分ける方法はないかを考えてみよう。資産運用という言葉を広く解釈すると、不動産の売買も当てはまる。不動産の売買を行うのは不動産会社なので、「不動産会社の経営者は資産運用に積極的だろう」という仮説にたどり着く。

　実際、顧客によって金融リテラシーのばらつきが大きいことが、営業で金融商品を扱うことの難しさだといえる。金融について驚くほど詳しい人がいる一方で、株式の仕組みすら理解していない人もいる。証券会社と付き合いがなく、「投資は怖いもの」と考えている人に、いきなり金融商品を紹介したところで拒絶されるだけなので、「なぜ資産運用が必要なのか」というレベルから説明を始める必要がある。

　たとえば、「日銀の大規模緩和でインフレリスクが増したので、現金だけ

> **図表3-4**　資産運用中であることの見分け方
>
> <u>想定ターゲットの特徴（例）</u>
>
> ## 不動産経営者はきっと資産運用に積極的だろう
>
> 「どのような先が資産運用に関心が高いか」
>
>
>
> 「資産運用している先は資産運用に関心が高い」
>
>
>
> 「資産運用していることが確実にわかる先はないのか？」
>
>
>
> 「資産運用を広義にすると不動産売買なども資産運用といえる」
>
>
>
> 「不動産売買を確実にやっている先は、当然、不動産会社じゃないか」
>
> （出所）株式会社ZUU

の資産配分は危険です。資産の一部で結構ですが、インフレヘッジとなる株式をもちませんか」というセールストークがあるとしよう。たとえそれが的を射た提案であったとしても、理解してもらうまでに時間がかかるうえ、理解に至る前に断られやすい。

　しかし、すでに他社で資産運用をしていれば、商品知識や需要もあり、耐性もあるため話が早い。複数の証券会社と付き合っても問題はないし、仮に複数とは付き合いたくないという顧客であったとしても、相場は生き物なので、現状に不満をもつ時期がいつか来る。

　もちろん、レッドオーシャンで結果を出すことは誰にでもできるわけではない。冨田が結果を残せたのは、相手に応じて最適化できる仮説営業スタイルを実践する資産アドバイザーが圧倒的に少なかったからだ。さらにいえば、資産運用に慣れている顧客には、下手なセールストークは通用しない。複数社をコンペで競わせたり、競合相手の担当と知識レベルを比較されたり

する環境であることも肝に命じておく必要がある。

　さて、ここまで読んで、リストづくりのための良いアイディアが思いつい
たからといって、いきなり完全なリストをつくろうとすることは効率的では
ない。検証を経てその精度を確かめるまで、「仮説はあくまでも仮説」だと
いうことを忘れてはいけない。

　肝心なことは、仮説を立てたら、まずは小さく試すことだ。最初から
3,000社分のリストをつくってしまったうえ効果が上がらないとなれば、大
きな時間のロスとモチベーションの低下を生む。そのようなリスクを避ける
ため、とりあえず効果が定量的に検証できると思われる最小単位、たとえば
100社分のリストをつくって、市場に投入してみるとよい。そこで、受付突
破率なりメール返信率なりの主要KPIが、スクリーニング前と比べて明らか
に跳ね上がるようであれば、残りの2,900社分を集めればよい。

　世の中には「数打ちゃ当たる」方式の営業が適している商材もあるだろ
う。しかし、資産アドバイザーが成果を出すためには、実際にコンタクトを
取る前に情報収集とニーズの仮説構築という一手間をかけ、「答えらしきも
の」を用意する仮説営業が適していると思われる。そのほうが「この営業は
わかっているな」と信用されやすくなり、ヒアリングの手間が軽減でき、課
題にいち早く到達できる。ファーストコンタクトで「ただの営業」だと思わ
れるか、「使えそうな営業」だと思ってもらえるかによって、天と地ほどの
差が生まれることを意識してほしい。

3　リストの運用──見込客管理の方法で成績に差がつく

　質の高いリストを作成できたら、実際に接触を試みつつ、逐次、リストを
運用していく必要がある。ここからは、冨田が実際に行っていた方法を紹介
しよう。

(1)　見込客管理の重要性

　多くの資産アドバイザーは、見込み顧客の管理がうまくない。ペンディング先をたくさんつくっても、その整理が不十分で、効率的な開拓ができていないと感じていた。冨田の新人時代の同期の話だが、インストラクターを交えて3人で打ち合わせをすると、その同期の優良なペンディング報告に毎回驚かされていたという。しかし開拓はできない。彼らのペンディング先は、①うまく整理されていない、②見直していないという状態だった。

　ペンディングを整理して、商品が出たときにどうピンポイントにアプローチできるか、自分で管理することが非常に重要である。冨田も初めは結果が出なかった。6月は5〜6件、7月も10件に届かず、同期のなかでも下から数えたほうが早いほどだった。8月で12件開拓できて、「見込客に対して重点的に商品をぶつけていけばいいんだ」とコツを掴んだ。そして9月は野村不動産のPO（公募増資）で50件開拓した。このとき、ペンディングに対して効率的にあたっていくことが開拓につながっていくと実感した。皆さんは、いま何件のペンディング先をもっているだろうか。受付から他社利用を聞いたものも含めて、その会社の門構えから話した内容まで覚えているだろうか。2〜3カ月前の情報だと特に覚えていない。エクセルでの管理もよいが、会社で毎回つくるのも手間だ。

　金融機関ではiPadが配布されていることが多いが、冨田は全員配布される前に自分でiPadを用意し、メモ帳機能をよく利用していた。メモはどこでも使えるので、その時その場所でメモできて管理できたほうがよい。このように、得た情報を文字化することが重要だ。データとして保存しておくと、後から見直すのに役立つからだ。検索機能を使って対象先の外交経歴をわかりやすく表示することもできるようにしていた。もちろん、顧客名がわかるかたちで保存せずに、イニシャルや「○○地域の不動産大手会社」などと自分のなかで想起できるものであればそれでよい。

ほかには写真を撮ること。外交先で気になった先や調べたい先をすべて写真に撮る。人間の記憶はそのときの風景や写真に紐づけられて記憶されるので、その時の社長の言葉も思い出しやすい。これは2、3回目の面談に活きてくる。たまに見返して「こんなこと言っていたな」と反復する。どれだけ思い出せるかということがカギなので、思い出しやすさ、振り返りやすさが重要だ。冨田は大学の頃、ITで起業しているので、ネットを駆使するということを非常に重要視していた。紙でノートをつくるのは、データ化するのにまた打ち込まなくてはならないし、検索ができないというところにデメリットがある。土・日にペンディング先を見直して、週明けの戦略を立てていた。

　ペンディング一覧は、ある周期で読み返すことが大切である。2週間後に見直してピンとこなかった先でも、1カ月後に見直してピンとくることがある。特に若手は新しい商品を覚えたり、レベルの高いお客さんと出会ったりすることによって、日々レベルアップしているので、自分のなかで引出しが増えると「あの社長のところにもっていこう」「あの社長を紹介すればいい」というふうにつながっていく。

(2)　見込客リストと対象先リストの違い

　冨田は、見込客リストが100件を下回らないように管理していた。これは基本的に何かしらの接点をもった先であり、それは「他社取引している」などリストに入れるに値する情報を得ることができた先ということである。社長本人から話が聞けなくても、受付や奥さんからヒアリングできたら、それも接点をもったとカウントする。多くの人は、社長から直接聞かないとペンディングにならないと思っているようだが、受付が教えてくれて見込み顧客リスト入りするケースは結構あった。「完全にニーズがある」という先を、常に100件持ち続けていた。

　見込み顧客リストとは別に、対象先リストはだいたい500～1,000件をキー

プしていた。こちらは「売上10億円以上の法人」といったわかりやすいセグメントでもリスト化していたが、よく使っていたのは「売上１億円以上でオーナーが70歳以上」という切り口——事業承継のニーズがありそうな先である。

　継続的にあたるのは見込み顧客リストである。対象先リストは主に電話で一気にあたる先で、その電話営業でニーズをヒアリングできたら見込み顧客リスト入りし、刈り取りに動くというイメージである。1,000件ぐらいすぐにあたりきってしまうので、対象先リストは常にさまざまな角度からアップデートし続ける必要がある。

　優良法人のオーナーや高額納税者であっても、何か情報を得ていないかぎり、それはただの願望リストで見込み顧客リストには入らない。多くの人が「売上10億円以上」「高額納税者リスト」「これだけはまず押さえろ」のような先を見込み顧客と思っているようだが、お金をもっているから良い顧客になるかというと、必ずしもイコールではない。ポテンシャルはあるが、結局、その資産規模のうち何割くらい運用ニーズがあるのか、さらに運用のニーズのうち何割入れてもらえる可能性があるのか、また、入れてもらえる可能性があるお金のうち、年間ベースで何％の手数料を期待できるのかが大事なことである。つまり、資産規模がそれほど大きくなくても、極端な例をあげれば、資産全体で5,000万円だとしても、5,000万円全部を預けてくれて、手数料率が厚い商品を何回も取引してくれる人は良い顧客といえる。

(3)　見込客リストの管理方法

　100件の見込客リストは、この100件を、短期・中期・長期の３つにセグメント分けして、アプローチ別のリストをつくっていた。詳しく説明すると、横軸に短期・中期・長期、縦軸に株・債券・保険といった商品別のマトリクスをつくって、クロージングしたい商品を考えて書き込む。Ａ社は長期の保険、Ｂ氏は中期の株というイメージだ。短期１カ月、中期１〜３カ月、長期

３カ月以上がだいたいの時間軸である。感覚ベースではあるが、保険は決算月によっては長期戦になるし、為替ニーズは３カ月から４カ月ごとに発生することもある。この方法のメリットは、マトリクスをつくりながら、対象先のことを深く考えることである。どのような切り口であたればよいかが明確になる。

　短期の顧客は、そもそもある程度のニーズがみえているから短期にセグメントされているわけで、矢継ぎ早に攻めていく。たとえば、「良い銘柄があったら提案してみろ」「塩漬けになっている債券がこんなあってどうしたらいいの」「この株を○○証券から移管できないか」といった先である。振り返ると、株式顧客は短期・中期になりやすい。中期の顧客は自分が行くのではなく情報を郵送していく。１カ月に１回くらいは顔を出す。長期の顧客は、３カ月は顔を出さず、情報を送るだけにしていた。

　中期と長期の見込み顧客への資料送付の頻度は、基本的には週１回。誰もが何回かは送るが継続しないことがほとんどである。それなら別のことに時間を使って、最初からやらないほうがいい。週１回ペースで３カ月ほど送り続けていると、受付突破の確率も上がる。「野村證券の冨田と申します。もう３カ月ぐらいずっと毎週資料をお送りしておりまして、社長にご確認いただけませんでしょうか。社長もおわかりになると思いますので」と言うと「ああ、いつも送ってくれている君ね」と、もちろん百発百中ではないが社長につながる確率はぐっと上がる。

　野村證券には巻紙という文化があるが、冨田は書かなかった。入社３カ月くらいの時点で手紙を書くことはやめた。あくまで冨田の私見だが、手紙では営業マンとしての成長スピードが遅いと思ったからだ。手紙が無意味とはいわないが、もっと効果的な方法は、相手にとって有益な情報をきちんと届けることだろう。

　たとえば、オーナー社長を開拓するのであれば、社長の本業に関する情報、つまり、その業界情報を提供できるような仕組みをつくるべきである。

多くの金融機関ではアナリストレポートや業界レポートなどを出しているだろうし、業界新聞（業界紙）も多く存在している。一度、図書館に行って新聞コーナーをじっくりとみてみるとよい。また、国立国会図書館を訪れてみると、業界新聞の豊富さに驚くだろう。

　冨田は当時からインターネットでたくさん情報収集をしていて、それらをまとめて届けていた。そういった情報を届けたほうが手紙よりはるかに価値が高いと考える。手紙は何通も送ると想いは伝わるかもしれないが、1枚1枚書かなければならない。一方、本業に関する情報は、一度つくれば何部でもコピーでき、20社でも30社でもまとめて送ることができるので、そちらのほうがいい。私たちは全員が平等に与えられた「1日は24時間」「1年は365日」というルールのなかにおいて、なるべく自分の時間を最大化しながら戦っている。貴重な時間を使うわけだから、1つのものをつくったら20件、30件まとめて活用できる方法ができるほうがいい。

　ほかにも、野村證券には「夜討ち朝駆け」という文化があるが、冨田はやらなかった。それで開拓できるときもあるのだろうが、確実に会えるかどうかわからないし、毎週有益な資料を送り続けて「君、おもしろいね」と思われてから会うほうが確率が高いと考えたからだ。

　資料の送付先は、自宅よりも法人のほうが社長の手元に届く可能性が高くなる。両方送ってみたのだが、自宅宛だと仕事モードでないからなのか読まれにくかった。たとえば「公募があります」とか「ソフトバンクの新発債がでます」のような、個人の資産管理の話のときは個人宅でもよいが、本業に関するレポートは法人宛のほうがよい。冨田自身が経営者になった今でも、DMでさえきちんと冨田のデスクに届く。

　また、「ポテンシャルがない」と判断するに足る情報を引き出せたら、その時点でもう外交はすべきでない。しかし、「ポテンシャルがなさそう」という先入観で外交をしないという選択肢はない。「野村には過去、本当にひどい目に遭った。ふざけるな」というような人もいるが、こういう気性が荒

い人は、怒られきったら「お前のせいじゃなかったのに悪かった」のような展開もある。こういう人には多くの資産アドバイザーが嫌がって近づかないことが多く、過去履歴にそのような記載があると、逆にチャンスのこともある。最初から結論を決めつけることはしないほうがよい。

ただ、あくまで冨田の肌感覚であるが、売上規模が5〜20億円くらいがいちばん良い顧客になっていたように思うと述べている。売上規模がそれ以上の会社というのは、高額商品を取り扱う不動産業界を除いて、1人当り収益率を考えるとある程度の従業員規模になっている。そうなってくると、社長にはいろいろな忙しさが出てくる。組織づくりやマネジメントも考えねばならないし、アポ同席やミーティングの数も増えるだろう。また、外部株主が入っていることもあるので、オーナーが好き勝手やれないという部分もある。その「社長のバタバタ度」と「会社のポテンシャル」との良い按配を保つ売上高が、5〜20億円ぐらいなのかもしれない。

「緊急性」と「希少性」を訴求できる案件は強い。最終期限が決まっていて、緊急性があるときに人は動いてくれるので「こういうものがあって、締切が●日なので、▲日までにご回答をいただきたいのですが……」と言えるものが出たら、ペンディング先の刈り時である。そのときに希少性を出せるとより強力だ。たとえば、公募のように枠が限られているものである。

地図に対象先をすべて書き込んでおくと、公募があったとき、対象先をあたり尽くすのに役立つ。公募はそもそもの応募締切があるうえ、他社が先に提案してしまう可能性や、支店の配分がなくなってしまう可能性もあるので、時間との勝負である。地図を利用すると、時間がないなかでペンディング先に効率よく提案をぶつけることができる。

長期セグメント先に3カ月ほど資料を送り続けているのに、うまい公募や募集がないというときでも、接触を試みてみるとよい。3カ月間の継続的なレポートで少なからず温まっているはずである。

Column

見込顧客管理の実例

　元野村證券CEO表彰者であり現在は独立系IFA代表のＡ氏がどのような見込み顧客管理をしていたのか、紹介する（ZUU onlineの記事より抜粋）。

　私は、「超・重点対象先10件」を、まずは社長の反応や人柄で選んだ。きちんとした面談ではなくても、社長に必ず１回会ってから決める。そのときに、名刺を捨てられるとか巻紙（手紙）を破られるとかは言わずもがなだが、無反応だった人もリストから外した。会った瞬間にちょっと笑うとか、怒るとか、その感情のやりとりがあると、この人いい人だなと思える瞬間がある。まずそのような社長の会社を残し、後は単純に大学が一緒とか高校が一緒とかのように、共通項がある社長は入り込む余地があると思って残した。ほかにはその会社のスタッフの方たち——受付、掃除のおばさん、守衛のおじさんなど——の反応はかなりみて、そういう人たちと仲良くなれそうかどうかも判断ポイントにしていた。

　そしていちばん大事にしていたのは「自分が来たことが社長に伝わるようになっているか」である。大きい会社では、１階に受付があって社長室が５階などで、物理的にそこまで行けないとなると、何度訪問しても私が来たことを社長が認識してくれていない可能性がある。名刺や資料を置いて帰っても社長に渡されるかどうかわからない。その点、ワンフロアぶち抜きの会社は、入った瞬間に社長室が奥にみえたりして、出てきてはくれなくても、「こちらが大きい声で挨拶をしたら社長が気づく」フロア構造になっている。「いつもの野村證券の人が来ているな」ということが確実に社長に伝わる先だけ残した。

　定量的に切って選ぶと、他の人とかぶる可能性が高いので、そこでは切らずに、他の人が気づいていない良い会社を探そうと思った。ただし、売上規模でみる場合には、基本的に100億円以上の会社にしていた。初任地の担当エ

リアは、それくらいの売上規模でもワンフロアに集まっているケースが多くて、営業所が別にあるみたいな会社が多かった。

　結局、10件中8件開拓できたが、事業承継や決算対策といった高次元の提案で開拓できていたわけではなく、純粋な運用提案が多かった。開拓に至るまでの面談では承継の話題などもよく話したが、取引開始の直接的なきっかけはすべて運用商品で、日本株、外株、仕組債、外債、投信とばらばらだった。

　私は名刺を置くのは意味がないと思っていたので、名刺は置かず、巻紙を書いていた。「私の履歴書」でもないが、全20話の自己紹介シリーズみたいなものをつくり、それを1週間に1回とか2週間に1回とか渡し続けた。内容はテンプレなので、どの対象先にも使うことができる。また、その会社のサービスを使ったり、従業員とコミュニケーションを取れたりしたときには、そういった内容も盛り込んで巻紙を書いた。手紙を渡しつつ、その企業の本業に関係したレポートを届けた。

　また、基本的には対象先企業の社員全員と名刺交換すると決めていた。週に3回は訪問するので、だいたいの社員の顔は覚える。「まだ名刺交換していないですよね」と全社員との名刺交換を目標にした。社員にも情報提供をした。たとえば、取引先にインドの会社がある対象先には、インドに関するレポートが出るたびに社員の人数分、30部とか50部とか印刷して配った。毎回配っていると、本当にレポートがほしかったかどうかはわからないが、「頑張っているね」と仲良くなって、社員と飲みに行くこともあった。

　10件リストのうち1社は専用のラックをつくってくれて、私がレポートをそこに入れると、社員が勝手にもっていく仕組みができた。口座開設してもらう前の話だ。その社長は絶対に会ってはくれない人だったので、社員と積極的にコミュニケーションを取ったり、人事部から採用の相談を受けてフェイスブックページをつくりに行ったりしたこともあった。そこは息子さんが専務で、私を非常に可愛がってくれるようになって、「親父、そろそろ会ってやれよ」という感じで社長を引っ張り出してきてくれた。社長は怖い人だっ

たが本当はとてもいい人で、それを知っていたので外交し続けていた面もある。「怒っていたのは、お前に心を許すと絶対損するとわかっていたからだ。でも本当は可愛くてしょうがなかったんや。俺の金は預けるから煮るなり焼くなり好きにしてくれ」と、2年以上通い続けた社長にいわれたときには泣き崩れてしまった。結局、大口で投信の約定をいただいた。

　生え抜きのときは、スマートなソリューションを提示してズバッと大口約定、というケースはほぼなかった。野村には、先輩の好事例集みたいなものがあり、挫けそうになりながらも、それをみながら勇気を絞って外交し続けた。（引用ここまで）

⑷　受付突破率が上がる資料送付の方法

　冨田は送付するレポート自体は自分でピックアップするが、基本的にはスタッフと見込み顧客リストを共有しておいて、つくった資料やレポートを送ってもらえるように仕組み化していた。

　業界向けの情報を送付し続けて接触すると成功確率が高いにもかかわらず、多くの人たちはそれをしていない。第1章で述べたように、経営者にとっては、上場株や不動産を買って「よし、儲かった」ということよりも、自分のバランスシートにある自社株の価値を上げるほうが、圧倒的に大きなリターンにつながるわけである。つまり、本業への情報提供は、オーナー個人のバランスシートにも間接的に貢献できるということだ。

　忙しい社長や財務担当は、意外と自分たちの業界情報すら追い切れてないものである。商品の細かい知識などはあっても、その業界で起こっていること全体のマクロ環境は意外と押さえていない。日経新聞をいくら読んだところで業界の細かい情報など載っていないが、業界新聞というのは多数ある。1つの情報では見映えがしなくとも、パッケージ化すると非常に価値あるようにみえるものである。手紙を書く暇があったら、業界新聞を読み込んで情

報収集し、顧客に教えてあげたほうがよほど喜ばれる。

　たとえば、建設業の社長であれば建設業界の情報がほしいし、不動産業の社長であれば不動産業界の情報がほしい。そこで、それぞれがほしい業界情報を提供して、そのなかに金融に関する情報を差し込んでおくと、金融の話題に転換するチャンスも生まれてくるのである。建設業界なら、以下のような専門紙があることを知っているだろうか。

① 日刊建設工業新聞	② 建設通信新聞	③ 建通新聞
④ 建設新聞	⑤ 日刊建設産業新聞	⑥ 建設経済新聞
⑦ 日本工業経済新聞	⑧ エレベータージャーナル	⑨ ガラス・建装時報
⑩ 週刊鋼構造ジャーナル	⑪ コンクリート新聞	⑫ サッシタイムス
⑬ 住宅産業新聞	⑭ 商経管材新聞	⑮ 新建ハウジング
⑯ セメント新聞		

　不動産業界についても紹介しておく。

① 日刊不動産経済通信	② 住宅新報	③ 全国賃貸住宅新聞
④ 週刊ビル経営	⑤ 家主と地主	⑥ リフォーム産業新聞
⑦ マンション管理新聞	⑧ 住宅産業新聞	⑨ 月刊不動産流通
⑩ 週刊住宅	⑪ 日経不動産マーケット情報	⑫ ビル新聞
⑬ 週刊高齢者住宅新聞		

(5)　リストから外す判断基準

　社長の在社時間を聞いても「わかりません」ではぐらかされることが多い。「確率的にいらっしゃるのは月曜日の午前中ですか」と具体的に聞いてみよう。多くの会社は月曜日の午前中に週初会・週初の経営会議があり、企業人は月曜日午前の在社率がいちばん高い。逆に、水曜・木曜の午後は外に出ていることが多い。そう考えると、「月曜日の午前中ですか」に対して答

えようとしないのであれば、断り文句と判断する。

　「社長は不在です」への返し方は、「午後もう一回お電話させていただいて
よろしいでしょうか」がよい。それに対して「結構です」と返ってくるなら
断り文句だと判断する。また、「午後も戻りません」と言うようなら、しつ
こく「明日かけてもいいですか」と聞いてみる。完全に断り文句だと判断し
た場合には、時間がもったいないので次の電話はしない。本当に重要なとこ
ろ以外は、見込みがなければ早く切ったほうがよい。

　どれだけ早く切れるかが重要である。さまざまな工夫をこらしても、ガー
ドが堅すぎてなかなかターゲットにたどり着けないことはよくある。そんな
ときは、よほどのポテンシャルがない限り、私はリストから消した。引き続
き営業をかけるかどうかは「ポテンシャル」「外交する手間」「会える可能
性」の3つの要素の掛け算で決めていた。

　契約する可能性がゼロという会社はこの世にないと思うが、それと同時
に、売込み先は星の数ほどある。だから、時間がかかりそうだと思ったら、
さっさと次に行くほうが効率がいい。営業とは、限られた時間のなかでどれ
だけパフォーマンスを出せるかという勝負なのだ。

　為替ニーズが絶対にあると考えられる対象先に関しても同じだ。たとえ
ば、証券会社の人間であれば、為替ニーズを感じ取ったとしても、本当に大
きな法人であったり、明らかに社長が他社で活発に取引していたりしない限
り、アプローチに時間がかかる場合には切る勇気をもったほうがよい。為替
なら銀行、不動産なら不動産会社、保険なら保険会社でもできる。しかし、
株の売買は証券会社でしかできないため、証券会社同士の戦いになるから頑
張り甲斐はある。これは、モチベーションの観点からも非常に重要で、どれ
だけ早く断られるかに快感を覚えたい。「対象先が減ってしまう」のではな
く、「これでここにはもう来なくてよい」と思うとメンタル的に大きく救わ
れる。

　見込み顧客リストから外すのは、次のようなときである。定期的に資料を

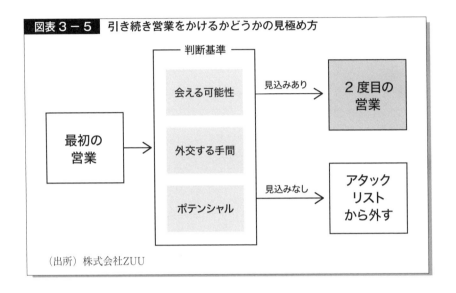

図表３−５　引き続き営業をかけるかどうかの見極め方

判断基準

最初の営業

会える可能性

外交する手間

ポテンシャル

見込みあり → ２度目の営業

見込みなし → アタックリストから外す

（出所）株式会社ZUU

郵送しているのに３回行っても受付でシャットアウトされるとき、オーナーから明確に取引しない等のメッセージがあるとき、想定よりも資産規模が小さいと判断されるとき、相手の求めるとおりに話をもっていったにもかかわらず２、３回流されたとき、などだ。

　ポテンシャルの規模にもよるが、オーダー通りの提案を２、３回もっていって空振る先は、その後提案をしたとしても滑ることが比較的多い。あと５回行けば取引が始まるかもしれないが、時間効率が悪いと思うところは切る。限られた時間のなかで開拓しなければいけないのに、何回も通うのは時間が惜しい。特に都会には新しい先が数多く眠っているので、時間対効果を第一に考えて結論を出す。地方に行くと対象先が本当に少ないので大切に回らなければいけないが、都会には富裕層が多い。

　見込み顧客リストから外れた先は、アイスボックスにどんどん入れていく。時々アイスボックスを見返して、長らくあたっていない先に連絡してみる。過去の提案内容もメモしてあるので、提案した商品が値上りしていたと

きは特に連絡するとよい。「冨田君、久しぶり。以前提案してくれた○○ってだいぶ値上りしたんだね。買っときゃよかったな」となったら短期ペンディングに戻るといった具合だ。

 4　情報源から仮説を構築する

⑴　活用できる情報源

　仮説構築には仮説の素材が必要で、そのためには情報収集をする必要がある。仮説構築に活用できる主な情報源をリスト化してみよう。

---

① 企業HP、業界団体HP
　【会社概要、製品・サービス、ニュース、IR情報、組織図、経営理念、沿革、代表挨拶など】
　企業HPは情報の宝庫だ。冨田がテレアポをしていたときには、最重要顧客の場合のみ事前に企業HPをチェックし、アポが取れたらすべての企業のHPを必ずみるようにしていたという。特にオーナー系企業は経営理念や会社のビジョン、代表挨拶に経営者の個性が色濃く出るので、アイスブレイクのネタとして積極的に使える。

---

② ブログ・SNS
　【ターゲットのいま、交友関係、性格、思想、夢など】
　最重要顧客の場合は念のためにブログやSNSアカウントがあるかを調べ、もしあればアポの前に目を通すとよい。ブログやSNSからはその人の趣味や性格などがわかるので、どんなネタに関心を寄せそうかという仮説を立てるときの参考になり、共通の知人がいれば知人から紹介してもらうこともでき

93

る。ツイッター、フェイスブック、リンクトイン、（若手経営者なら）インスタグラムは情報源として重用する。

③ 講演、インタビュー記事、書籍
【ターゲットの過去、性格、思想、夢など】

　著名な経営者であればさまざまな媒体から過去の講演やインタビュー記事を読める。年配の経営者であれば過去の武勇伝を褒め、若い経営者であれば目指している夢について話を振ると、相手の懐に入りやすい。

④ 企業情報データベース
【業績、取引先、株主リスト、記念日など】

　日経テレコン、帝国データバンク、東京商工リサーチ、四季報などのこと。冨田は自称「日経テレコンマニア」で、テレアポの段階から活用していた。また、重要な顧客の場合、1社につき1～2万円で閲覧できる帝国データバンクの「企業信用調査情報」、通称「詳細帝バン」が有用である。企業設立の経緯や実際の決算書など、通常の倍近い情報が得られるので、相手の抱える課題を把握することができる。

⑤ 登記簿謄本
【役員の自宅住所、ビジネス領域など】

　法人や不動産の登記簿謄本は、法務局に行けば誰でも取得できるし、オンラインでの取得申請も可能である。法人の登記であれば、役員の自宅が記載されているので、なかなか会えない顧客にはそれを使って自宅に営業することもできる。

⑥ 業界地図
【業界ランキング（競合）、市場規模、動向など】

> 効率よく顧客からビジネス的信頼を得るためには、顧客の業界の情報を知り、話題についていく必要がある。「最近、御社のシェアが急激に伸びていますね」など。四季報の業界地図のような情報には目を通すべきである。

　上記に加えて、情報収集の効率化を図る有効な手段として、通知機能も多用したい。特に効果を発揮するのが、頻繁に連絡を取るわけではないが関係性は維持しておきたい「見込み顧客」だ。たとえば、見込み顧客の社名をグーグルアラートに登録しておけば、プレスリリースを出したなど、当該企業に動きがあったときにその情報をいち早く検知できる。初めて海外支店を設立したというニュースがあれば、すぐにお祝いの電話をかけつつ、「海外進出されると、為替取引や現地開拓で苦労なさることが多いんですよね」と、いきなり課題の話を振ることができる。顧客からすれば、自社の情報を逐一チェックしてくれているうえに、祝辞の言葉だけでなく課題レベルの話をしてくれるので、聞く耳をもってもらいやすい。

　個人のフェイスブックページをこまめにチェックされると少し気持ち悪いが、会社の情報をキャッチアップされて悪い気がする経営者はいない。社名を登録するだけの手間で得られるメリットは大きいので、営業組織としてもどんどん活用するとよいだろう。ちなみに、冨田は前職ではブルームバーグの自動配信機能を使っていたが、グーグルアラートは無料で使える。また、自分の見込み顧客や既顧客企業のSNS上の企業ページに「いいね！」をして、情報が自分のタイムラインに流れるようにしておくことは基本だろうし、マナーでもあると思う。

⑵　情報を基にニーズの仮説を立てる

　情報を集めたら、それを基にニーズの仮説を立ててみよう。ブログやHPに書かれている経営理念、帝国データバンクに出ている経営者の趣味などをみて、「こんな雑談をしたら歓心を買うかな」というレベルの仮説を立てる

ことは誰でもできる。やるか、やらないかだけの差である。

　とはいえ、経営課題の仮説を立てるのは決して簡単なことではない。そのためには、その企業の事業モデル、業界の動向、マクロ経済の動向、税務・法務の知識など、自分が経営者になったつもりでありとあらゆる情報をもたなければならない。それでも数は限られている、というのが実際にやってみた冨田の結論である。まずは以下のような粒度でいいので、仮説を立ててみるとよい。

「それまで安定して大きな利益を出していたのに、ここ2年連続でギリギリの利益だった」

➡おそらく調整した結果だな。株の価値を一時的に下げて資産管理会社に移行しているのかな。それならば、この顧客の課題は事業承継かもしれない。

「買収されて新社長が他業種から送り込まれた」

➡改革の象徴になるような奇抜な提案を期待しているかもしれない。

「従業員200人の未上場企業」

➡かなり大きな営業部隊がいそうなので、モチベーション管理などが課題かな。持株会やストック・オプションの導入とか。確定拠出年金といった福利厚生の充実も興味あるかもしれない。

「債権回収とファンドマネジメントをやっている」

➡資金調達のニーズが高そうだ。

「資本金に端数がある」

➡第三者割当ての痕跡のようにみえるから、資金調達に敏感そうだ。

「真っ赤なフェラーリに乗っている」

➡自己顕示欲が相当強いのだろう。アメックスのブラックカードの話を振ってみようかな。

　ここであらためて強調したいのが、仮説があるかないかで結論にたどり着く「確率」も「速度」も変わってくるということである。ある程度の精度がある仮説をぶつけると、たとえそれが外れていたとしても話の基点ができ、建設的な議論に向かいやすい。仮説を修正することによって、結論にたどり着く可能性が飛躍的に高まる。

　経営課題の仮説を立てるのは難しいと思われがちだが、決してそうではない。経営課題を因数分解していくと、基本的には売上を上げるかコストを下げるかのどちらかに帰着する（事業承継が絡んでくると、「コストを上げる」ケースも出てくる）。そして、売上を上げる課題としては、組織づくり、設備投資、マーケティングや営業、ブランディング、採用など、因子は限られてくる。経営者個人の課題を考えても、最終的には「人」「物」「金」「情報」のいずれかである。

　1年間、毎日営業をして、毎日仮説を立て、振り返りをしていれば、必ずさまざまな課題のパターンがみえてくる。すると、解決策のパターンもみえてくる。そのパターンの数は、おそらく多くの営業が漠然と考えている数よりずっと少ない。業界の課題と解決策のパターンをすべて頭に入れようとは大半の営業は考えもしないかもしれないが、売れる営業はそのための努力を毎日している。

　そうはいっても、1年は365日、1日は24時間と時間は限られている。すべての業界に精通するなどということは、なかなか難しい。だから、本当にスポーツの話だけは誰にも負けないくらい詳しいとか、政治の話だけは自信があるとか、自動車の話だけ詳しいとか、どこにエッジを立てるのかということは大切だ。ある程度、幅広く情報収集はしているけれど、特に旗を立てるところは決めておく。旗を立てる場所を決めたほうが、結果として効率的だと思う。

　たとえば、飲食店を対象にしようとなったときに、飲食業界に詳しくなれば、飲食店のオーナーに対し、「実はこういう話、こういう話があります」

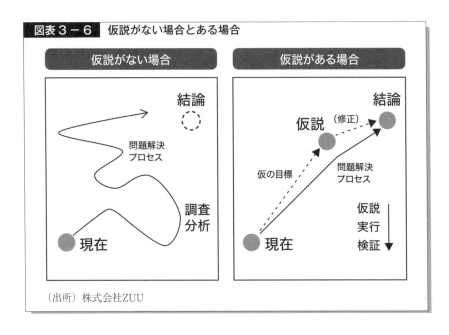

図表3-6 仮説がない場合とある場合

仮説がない場合

結論

問題解決
プロセス

調査
分析

現在

仮説がある場合

結論

仮説 （修正）

仮の目標

問題解決
プロセス

仮説
実行
検証

現在

（出所）株式会社ZUU

と情報提供ができる。うまくいけば「飲食店の成功事例をまとめましたの
で」とか「他社がどうやって借入金利を低く抑えているのかをまとめまし
た。ほかにも新しい資金調達方法も。だから、1回時間をください」「開店
前の時間でもいいですから。その後、食事もして帰ります」と持ちかけて、
アポを取れるかもしれない。そういうことを続けていくと、きっといつかは
「それは、ぜひ」という話になるので、どこを深掘りするにしても、どこに
エッジを立てるかということは重要だ。

5 帝国データバンクや東京商工リサーチを読み解く 9つのポイント

　帝国データバンクや東京商工リサーチを活用するには、9つのポイントが
ある。以下の企業情報を例に解説する。

企業情報（例）
所在地：○○県○○市○－○－○
代表者：ZUU勇介
電話番号：○○－○○○○－○○○○
設立：1976年5月
創業：1968年10月
主業種名：普通洗濯業
営業科目：一般クリーニング
資本金：36,000千円
従業員：66名

決算年月	売上高（単位：千円）	利益金（単位：千円）	資本構成
2019年9月	1,820,000	4,250	N.A
2018年9月	1,824,216	10,321	N.A
2017年9月	1,810,200	28,000	N.A
2016年9月	1,810,000	30,000	N.A

取引銀行：A信金（○○市）、メガバンクB（○○区）、メガバンクC（○○区）
役員名：(代長)ZUU太郎、(取)冨田久美子、(監)ZUU次郎
大株主：ZUU勇介、ZUU花子、ZUU太郎、社員持株制度
仕入先：○○産業、○○油脂、○○商事
販売先：一般顧客
事業概況：○○年余りの業歴を有するクリーニング業で、27事業所と6工場で営業、展開しており、2020年9月期は新店も増加する予定
経営者情報：氏名：ZUU勇介 　　　　　　生年月日：1944年○月○日生（男） 　　　　　　現住所：東京都○○区○○－○○－○○ 　　　　　　出身地：長野県 　　　　　　趣味：ゴルフ、釣り 　　　　　　就任日：記載なし 　　　　　　出身校：記載なし 　　　　　　卒業年：記載なし 　　　　　　更新日：2019年10月5日

(1) 業歴・業務内容

　全体として仮説のイメージを理解してもらうために、少し極論を述べる。この会社のデータをみていくと「設立1976年5月」「創業1968年10月」とあり、設立後40年以上経過していて比較的歴史のある会社であることがわかる。主業種名は「普通洗濯業」、営業種目は「一般クリーニング」であることが確認できる。長年経営されているため、内部留保がある程度蓄えられていると考えられる。

(2) 資本金

　資本金は36,000千円。30,000千円ではなく、40,000千円でもなく36,000千円と「キリがよくない数字」であることに注意が必要だ。このように資本金が端数の会社は、第2章で述べたとおり、過去に「第三者割当増資」を行った結果、その時の時価で株を調達したという可能性も出てくる。

(3) 代表者・役員

　「代長」は代表取締役社長のこと。この会社データではZUU太郎とある。法人自体の代表者はZUU勇介なので、代表取締役社長ではないが法人の代表者であるZUU勇介は、おそらく会長の職にあると考えられる。そして取締役が冨田久美子、監査役がZUU次郎とあるため、おそらくこの会社はZUU一族のファミリー会社である、ということがわかる。「冨田久美子は誰なのだろうか」という疑問が浮かぶが、おそらく他家へ嫁いだZUU勇介の娘なのではないかと推測できる。太郎と次郎は勇介の息子たちだろう。

(4) 大株主

　大株主の欄から「社員持株会」が存在することがわかる。社員持株会を設置する会社には2つの可能性が考えられる。1つ目は上場を考えており上場

時に社員インセンティブをつけようという意図から設置したという可能性、もう 1 つは、過去に相続・事業承継で苦労した会社という可能性である。この会社は後者、事業承継の格好のターゲットであると考えられる。事業承継が大変である時、会社が自己株式の買い取りを行う。そして、自己株式つまり金庫株として保有していた株式を社員持株会に放出することがある。したがって、事業承継で苦労した会社、という姿がみえてくる。ZUU花子は勇介会長の妻ではないかと思われる。

(5)　取引銀行

　取引銀行は 3 行である。これも第 2 章で述べたことだが、 3 行しかない会社は財務内容が良い会社である可能性が高い。また、仕入先からも会社の状態を読み取ることができる。

(6)　業　　　績

　業績を一読すると、毎年安定して18億円の売上をあげる会社であることがわかる。「小売・サービス業で売上20億円未満」は、事業承継の観点からは重要な点となる。株式評価額の会社区分にかかわるからだ。国税庁が定める小・中・大会社の区分では、「小売・サービス業」において中会社と大会社の境界は売上20億円である。ただし、売上規模にかかわらず従業員数70人以上であれば大会社になる。これらをふまえてこの会社をみると、従業員66名と、70名ラインに迫っているので、「20億円以上の売上を出せるが、あえて18億円をキープしている」会社だということも考えられる。もちろん、これはあくまでも仮説である。

　事業承継をどのように行ったかという観点から売上と利益をみると、2019年に特に利益が低くなっている。これは業績が悪化したというより、類似業種比準価額で株価を算出する過程で、意図的に業績の圧縮および自社株の譲渡を行ったのではないかと考えられる。ただし、大株主にはZUU勇介会長

と花子の名前が残っているので、すべての株式は移せなかったのかもしれない。その理由は金銭面だったかもしれないし、まだ自分の影響力を残しておきたいという気持ちだったかもしれない。このような仮説を立てれば、ZUU勇介会長の資産規模が最大でどの程度であるかを推測することができる。自社株の評価額は、売上と利益からある程度の試算ができるためだ。

(7) 相続税額の目星をつける

当社の過去の経験から、オーナー社長の個人B/Sの一般的な配分例を示してみる。よくあるのは自社株が4～5割、不動産が2～3割、残りが現金や有価証券というパターンで、「資産の大部分が自社株と不動産で、現金をあまりもっていない」という人も多い。

この場合、保有不動産の評価額がわかれば、オーナー社長のおよその資産額を把握できる。住所がわかれば、公示地価などでだいたいの土地価格を調べられるし、国税庁の「路線価図」で相続税評価額の見当をつけることもできる。この会社の場合、個人の住所「東京都〇〇区〇〇」について調べ、路線価図で「路線価23.5万円」と示されていたとする。グーグルマップなどで、縮尺を頼りにおよその面積を測り、たとえば、「25m×15m＝375m²」の土地であれば、先の路線価23.5万円を当てはめると、相続税評価額で8,800万円程度という価額がみえてくる。

オーナー社長の資産内容は自社株評価と不動産評価で全体の約8割を占めることが多いので、相続税評価額をおおむね把握することができ、この会社が事業承継に苦労しそうなことと、どれくらいの相続税の納税資金が必要かということの目星がつく。

(8) 仕入先・販売先

仕入先や販売先も情報の宝庫である。たとえば、自動車業界であればトヨタ系列とか日産系列とか、どの大企業グループに属しているかがおよそ決

まっている。訪問時に渡すレポートや資料は本業の役に立つものを渡すのが鉄則なので、どの系列かがわかれば持参するレポートの選択肢も広がる。

　総務省が定める「日本標準産業分類」によると、洗濯業は、この会社が本業としている普通洗濯業、そして洗濯物取次業、最後にリネンサプライ業の３つに分かれている。この会社の販売先は「一般顧客」となっているが、広義の洗濯業と考えれば、リネンサプライに関する情報、たとえば、訪日外国人数やインバウンド需要に関するレポートなどをもっていく選択肢もありうる。リネンサプライ業は、ホテルや旅館を顧客としているケースが多いからである。仕入先や販売先に、自社グループが載っていることもある。このような場合には、グループ会社Aの黒字を、赤字が出ている別のグループ会社Bに移転するなど、利益の平準化を狙っていることがある。

　第２章で、開業医がMS法人（メディカルサービス法人）を設立して、MS法人が病院内のスタッフを派遣したり、病院の土地や建物を所有して医療法人に貸し出すことによって賃料を得たり、病院内のテナント誘致や薬局を運営したりすることで、医療法人に積み上がる利益を吸収する役目を果たすことは説明した。あまりにも常識的な取引価格から乖離したり、同一人物が代表になっていたりすることはまずいが、ある程度のコントロールはできる。節税を行っているオーナーは税金に敏感であることが多く、筋の通った提案をすれば、聞く耳をもってくれる可能性もある。

⑼　情報収集後の切り出し方

　オーナー社長に初めてお会いし、「全部、あなたの資産を調べてきました」とはさすがに言いづらい。よくある切り出し方として、「この辺りの事例として、○○区で400m²程度の土地、路線価20〜30万円程度の方がいらっしゃいました。そのお宅では相続に結構苦労したそうです。社長様はどの辺りにお住まいですか。もしかしたら不動産の相続が大変になるかもしれません」という話をする。

また、自社株の件についても、「御社は利益を圧縮していますね」という話し方はせずに、「ある会社の話ですが、売上を『中会社の大』にセグメントされるようにコントロールして、事業承継がうまくいったという事例がありました。しかし、このような課題もありまして……」という話をする。このように話を振ると、社長側も話したくなってくるものだ。

第 **4** 章

富裕層・経営者への
アプローチ方法

実 践 編

1　受付突破の３大パターン

　富裕層や経営者などの優良対象先とアポイントがほしいと思い、誰しもが新規でアプローチした経験をもっていると思うが、受付や最初に出た家族からシャットアウトされることがほとんどのはずだ（両者ともに受付とする）。実際にどうすれば受付突破率を上げられるか。受付が会社から課せられているミッションは、「いかに侵入者を排除するか」である。一方的に押し売りするだけの営業は、「業務の妨げになる」だけなので、必然的に侵入者扱いされる。「受付のスクリーニング条件からいかに外れるか」を意識しながら、突破の勝ちパターンを見つけるためにPDCAを回し続けると、次の３パターンに分けられることがみえてくる。

---

① 自分と相手（社長や担当者など）との関連性を感じてもらう
② 提案と相手のニーズとの関連性を感じてもらう
③「お断りマニュアル」にない提案をする

　それぞれをトークサンプルとともに簡単に紹介する。

⑴　自分と相手（社長や担当者など）との関連性を感じてもらう

　侵入者ではない人物とはどのような人物か。同じ大学や同じ地域の出身と言われると、まったくの他人とは思えないのと同様に、人は自分と関連性が強い人には親近感を感じるものである。弱い結びつきであっても、関連性がある状態で連絡するほうが数％でも突破率が改善する。関連性を見つけ、実際に現場で試してみて、明らかに反応がいいものだけをアーカイブ化していくと、たとえば、次のような例があげられる。

図表４−１　受付突破の３大パターン

| 自分と相手（経営者や担当者など）との関連性を感じてもらう | 詳細　人は自分と関連性が強い人に対して親近感を感じる。同じ大学や同じ出身地域と言われると他人とは思えない |
| 例　▶「○○の会でご一緒しまして・・・」（同じ会場にいたが話はしていない）
▶「○○社長と同じ大学の出身で、OB会誌をみて連絡させていただきました」 |

| 提案と相手のニーズとの関連性を感じてもらう | 詳細　提案が相手のニーズに強く合致している可能性があるとき、受付が「つながないとマズい」とまで思わせると効果的 |
| 例　▶「先日の御社のIR情報をみさせていただき、○○の部分が大きな課題と明言されており、その解決策の情報提供の件で・・・」
▶「御社のサービス利用者アンケートをまとめたのでお渡ししたいのですが」 |

| お断りマニュアルにない提案をする | 詳細　相手が担当者に確認する状況に至るようにする |
| 例　▶「（相手が不動産会社の場合）不動産の件でうかがいました・・・」 |

（出所）株式会社ZUU

「○○の会でお会いしまして……」（法人会、講演会、決算説明会、IR説明会などで声をかけた）
「○○の会でご一緒しまして……」（同じ会場にいたが話はしていない）
「社長の記事（本、講演）を拝見しまして……」
「社長の今朝のSNS（ブログ・フェイスブック・ツイッター等）を拝見しまして……」
「お取引先の○○銀行さんの公募増資の件で」（取引先の話なので関連性を感じる）
「○○社長と同じ大学の出身で、OB会誌をみて連絡させていただきました」

　まねすることはお勧めできないが、極端な例を紹介する。上場企業への営業を得意としていた優秀なPB（プライベートバンカー）のG氏がいる。彼は

肩書きをいわずに電話して、相手が名乗るのを聞き逃さず、「あ、○○さん、Gです。社長いらっしゃいますか」と切り出す。相手が戸惑い気味に「ご用件は」と聞いてきたら、「え、Gっていえばわかりますよ。絶対わかりますって」と、あくまでも知り合い風を押し通す。ここまで言われると受付の判断の範疇を超えるので、社長につなぐことになる。当然、社長はその営業のことを知らないし、営業かどうかも知らない。彼は社長につながった瞬間、「社長、大変申し訳ございません、○○のGと申しまして、社長にどうしてもお話がしたくて大変無礼な連絡手法を使ってしまいました」と最大限に謝るのだそうだ。彼いわく、「受付を正面突破する確率より、社長が謝罪を受け入れてくれる確率のほうがはるかに高い」ということだ。社長と親しい感じが出るのは最高の関連性という理論だが、もちろん、これはやるべきではない。関連性を感じてもらうアプローチ方法は、メンタル面でも強みがある。なぜなら、関連がある人か営業かどうかの判断がつかない状況では、受付としては下手な対応ができないからだ。

(2) 提案と相手のニーズとの関連性を感じてもらう

　提案が相手のニーズに強く合致していて、受付が「つながないとまずい」とまで思うようなケースをつくることも、受付突破率を大きく向上させる。ある会社の受付になったつもりで考えてみよう。証券会社から電話がかかってきて、「この１週間の為替変動で大きな損失になっているのではと思いまして、その喫緊の対策の件でお電話させていただきました」と切り出されたとする。一般的に、このような内容は受付の判断を超えるうえ、話が会社の経営課題を解決してくれそうだという雰囲気も伝わりやすい。この時点で、受付には断った場合のリスクさえ生じてくる。なぜなら、断れば会社に損害を与えるかもしれないからだ。もちろん、解決策としてインパクトのある提案を示す必要はあるが、ほかにも、日々いろいろな伝え方を改善し続ければ、多数の言い回しが見つかる。

　冨田は野村證券時代、このパターンで外国との取引がある企業にアプローチを続け、比較的大きいクラスのクライアントを複数開拓した。リーマンショックなどで急激に円高に振れ、為替予約を積極的に提供する銀行と付き合いがある企業でこのリスクを抱えている可能性が高く、実際に倒産した企業もあったからである。建設業がいちばん厳しかったのも2008～2010年頃であり、全業種のなかで2008、2009年に最も多く倒産したのが不動産業、次は建設業であった。その原因は、リーマンショックによって銀行からの資金提供が止まったことにある。このようなとき、いちばん痛い目に遭うのは、レバレッジをかけている不動産業界であった。建物は資金調達をして建てるので、キャッシュフローが止まった瞬間に不動産のローンが払えなくなり倒産していった。同様に、建設業界でも大型の受注が頓挫し、2008、2009年頃は建設途中のビルが都内でよくみられた。生き残った会社の社長たちも、あの恐怖は決して忘れないだろう。このように、時代の変化のなかでも言い回しや伝わるメッセージは数多く考えられる。提案と相手のニーズの関連性を伝えるパターンとしては、次のような例があげられる。

> 「積極的に採用されているにもかかわらず、社員数が増えていないのを拝見し、社員の離職率が高いと思い、その対策として来年の御社の退職金や福利厚生を拡充する話を社長に直接ご判断願いたいのですが……」（受付にもメリットがある話）
> 「……今年度の御社の業績を大きく左右する話ですので、一応、社長のご判断を仰いだほうがよいかと思いますが……」
> 「御社の取引先（競合先）の情報を仕入れることができましたので、それを社長にお渡ししたく……」
> 「先日の御社のIR情報を拝見させていただき、○○の部分が大きな課題と明言されており、その解決策の情報提供の件で……」
> 「御社のサービス利用者のアンケートをまとめましたのでお渡ししたいのですが……」

売る商品やサービスによって千差万別だが、このパターンは、相手のニーズの仮説とそれに対する解決策を考え、さらに、受付に最もよく伝わる言い回しを考えなければならないので、難易度が高いようにみえるかもしれない。だが、実際にプレゼン前のプロセスで行うこととほぼ一緒なので、ここが強化されるとプレゼンフェーズの質も上がる。

⑶　「お断りマニュアル」にない提案をする

冨田が野村證券の1年目のときに行っていた「相手によって話の引出しを変える」テクニックを紹介する。たとえば、相手が不動産業だったら「野村不動産の不動産紹介をやっていて」のような切り口である。野村不動産と不動産会社をつないでも自分の収益は生まれないかもしれないが、まず間違いなく「なぜ野村證券が不動産の話をするの？」となる。

また、「実は銀行代理店業の話でうかがわせていただきました」という切り口もよく使ったという。ちょうど野村信託銀行との提携により商品・サービスが提案できるようになり、ローン商品等が野村證券のなかでも始まったころだった。「野村證券です」と言えば、相手は「証券会社はお断りです」となる。しかし、「野村證券の冨田ですが、今日は銀行の件でうかがわせていただきました」と言うと、「証券会社が銀行の話をするというのは、自社の"断るためのマニュアル"にはないな」と思わせられる。

つまり、相手が「この人の話は"断るためのマニュアル"に入っていない」と思わせて、担当者に確認する状況に至ることを意識していた。そこで、当時、銀行という切り口は特に新しかったので多用していたのである。一方、自分のスタイルではないと思ったのは「野村證券の○○です、今日は投資信託のお勧めに来ました」や「債券のお勧めに来ました」のようなものだったという。「ちょっと社長に資産運用を提案しに来ましたが、社長はお手隙ですか」と言う、「断ってください」といわんばかりの引出しは絶対に使わなかった。

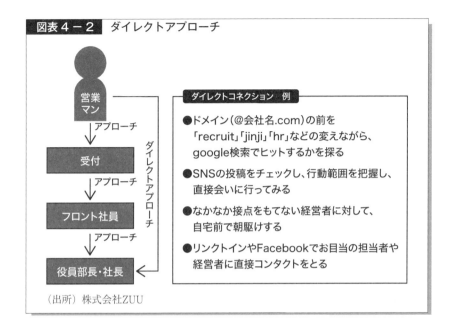

図表4－2　ダイレクトアプローチ

営業マン

アプローチ

受付

アプローチ

フロント社員

アプローチ

役員部長・社長

ダイレクトアプローチ

ダイレクトコネクション　例

●ドメイン(@会社名.com)の前を「recruit」「jinji」「hr」などの変えながら、google検索でヒットするかを探る

●SNSの投稿をチェックし、行動範囲を把握し、直接会いに行ってみる

●なかなか接点をもてない経営者に対して、自宅前で朝駆けする

●リンクトインやFacebookでお目当の担当者や経営者に直接コンタクトをとる

（出所）株式会社ZUU

　また、飛び込みのときに絶対にしてはいけないことは、「社長をお願いします」ということである。世間の会社の3割くらいでは、入口や受付に社長名が書かれた情報を見つけることができることが多い。建設業や不動産業のように、業種によっては許可証のようなものを必ず出さなければいけないところもある。それをみて社長の名前を覚え、「××社長をお願いします」ということが大切である。

⑷　「受付を頭越しに通過する」という選択肢

　一方で、これら3つ以外に、「そもそも受付を通過しない」、つまりターゲットと直接つながるという方法もある。合理的に考えてみると、受付が障壁になっているのであれば、お目当ての顧客と直接つながる方法を当然検討すべきで、冨田も散々知恵を絞った。テレアポ営業のテクニックの1つの

「代表番号の末尾１桁をずらして電話する」ことも、この一環である。受付で２回断られたときに実践していた非常時用の「型」で、これで社長に電話をつないでもらい、成約に至ったのは１度や２度ではないという。

　昨今はSNSの普及で、年配の経営者でもアカウントをもっている。以前はいまほどSNSが普及していなかったが、それでも投稿を定期的にチェックして「今日は展示会で東京ビッグサイトに終日います」とあれば直接会いに行く。今日では、より有益な情報源となるだろう。

　また、経営者の自宅前、もしくは会社前で出待ちする「夜討ち朝駆け」も、受付を頭越しに突破するという意味では有効な手段かもしれないが、セキュリティの意識が高い今日はリスクも高く、また待機時間も長く、そもそも有効な時間の使い方だとは思えない。ただし、目的はターゲットに接触することなので、「選択肢はほかにないか」という思考の深掘りを止めてはいけない。

　たとえば、メールでのアプローチはどうか。シンガポールや欧米など、オフィスビルのセキュリティが堅い国で主流になっているのは、テレアポもしくはメールでのアプローチだ。あえてメールアドレスをランダムにしている企業も増えているが、それでもなお「名前.名字＠会社名ドメイン」といった組合せが多い。会社のドメインを調べ、また、その会社の誰か１人と名刺交換をすれば、ドメインの前の法則性がわかるので、それで担当者や社長に直接メールを送るといった手法が一部では使われている。また、ビジネスSNSでお目当ての社長に直接コンタクトを取る手法も日常的に使われている。日本ではリンクトインがあまり広がっていない代わりに、このアプローチがフェイスブックなどで行われており、冨田自身や知り合いの経営者もフェイスブックでこういった連絡が定期的に来るという。

⑸　トークの展開をフローチャート化する

　野村證券時代のある日、冨田の後輩が冨田のテレアポの様子をみて、「冨

田さんってすごく機転が利きますね」と言ったという。相手に応じて切り口を変えるので、冨田がアドリブで話しているようにみえたのだろう。実際には、それはアドリブではなく、ほとんどが想定通りの会話にすぎなかった。何回も実践すれば、あらゆる機転はパターン化できる。

　冨田も最初のうちはトークスクリプトを用意しながらテレアポをしていた。「相手がこう切り返してきたらこう攻める」という流れをあらかじめ決

図表４－３	テレアポのスクリプト例	
受付が電話を取る	**いつもの人と思わせて、とりあえず直球で依頼する**	「社長をお願いします」
「ご用件は？」	**一般的なテレアポと差別を図る** ① 自分と社長や担当者との関連性を感じてもらう ② 提案と相手のニーズとの関連性を感じてもらう	「○○の会でお会いしたのですが……」 「御社の取引先（競合先）の情報を仕入れることができたので、それを社長にお渡ししたく……」
「席外し」「不在」	**戻りの時間を確認** （この質問への反応をみて本当かどうか確認） 本当なら再度電話・ウソなら受付から情報収集	「何時に戻られますか？」
社長につながる	**証券会社を使っているか確認**	「相場の流れが変わってきていますが他の証券会社さんからの電話も増えてますかねー」
使っている	**投資目的・投資対象・運用期間などをできるだけ聞き出す。他社の不満を誘導できると理想**	「どういう目的（きっかけ）で始められたのですか？」 「他社さんではどんな銘柄を保有されていますか？」 「最近の相場上昇でだいぶ利益が出たのではないですか？」
使っていない	**相手にメリットを感じさせる**	「法人様向けの情報提供をしておりまして、○○のレポートをお配りしています」
興味をもった	**アポを取る**	「資料をおもちしたいので、○○日か○○日に10分だけお時間いただけませんか？」

（出所）株式会社ZUU

めたフローチャートといえばわかりやすいだろう。その流れ自体、仮説と検証を繰り返してブラッシュアップしたものだ。こういうトークスクリプトがあれば、電話で慌てることがなくなるし、頭をフル回転させなくてもよくなる。1回、時間をかけてフローチャートをつくるだけで、その後のテレアポが機械的な作業になり、処理速度が上がる。

(6) 最強の開拓方法「紹介」

　新規開拓で最も効率の良いルートとは「紹介」だろう。実は、冨田が1年目に開拓した220件企業オーナーのうち40件は紹介であった。企業オーナーレベルからの紹介を受けるようになるには、ポイントがあると思う。誰かが皆さんを紹介するときに、どうやって紹介してもらうだろうか。「東大出身の〇〇君がいるんだけど……」のように大学で呼ばれるとか、会社名で呼ばれるのでは、普通である。良い大学出身者や、大手企業勤務者はたくさんいる。

　冨田は、1年目以降は楽だったと言っていた。「野村證券1年目で、最少年記録や歴代のセールス記録を塗り替えた子がいるんだけど……」と、企業のオーナーの方たちを紹介してもらう。すると、「何かおもしろそうだな」と思われる。そして、冨田にはもう1つ形容詞があった。大学で一度起業していたので、「広い経営者ネットワークをもっている野村の子がいるんだけど、会う？」というものである。さらに「野村の役員を連れてきてくれる子」などとも呼ばれた。役員にかわいがられていて、熱い若手に思われたのか、冨田ではなく「パッション」と呼ばれていた。それで「おいパッション、外交に行くぞ」と一緒に連れて行かれる。たとえば、「この人に聞いたら『絶対に資金調達、エクイティファイナンスはしない会社だ』っていわれていても資金調達に踏み切ってしまうんだよ、すごいんだ、この子のノウハウは」などと紹介されれば楽である。

　皆さんは、「楽だろうけれど、そう紹介されるまでが大変だ」と思うかも

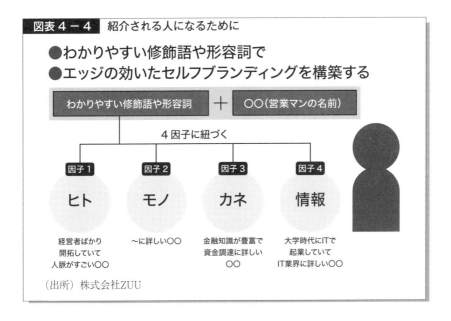

図表４−４　紹介される人になるために

●わかりやすい修飾語や形容詞で
●エッジの効いたセルフブランディングを構築する

わかりやすい修飾語や形容詞　＋　〇〇（営業マンの名前）

４因子に紐づく

因子１　ヒト
経営者ばかり
開拓していて
人脈がすごい〇〇

因子２　モノ
〜に詳しい〇〇

因子３　カネ
金融知識が豊富で
資金調達に詳しい
〇〇

因子４　情報
大学時代にITで
起業していて
IT業界に詳しい〇〇

（出所）株式会社ZUU

しれない。冨田はエッジ立った３つの修飾語（ニックネーム）をもらった
が、それでも足りなかったという。皆さんはどうやって紹介されているだろ
うか。もしくは「どうやって紹介されるための事実をつくるか」という話な
のである。「ヒト、モノ、カネ、情報」この辺がポイントになるが、この４
つのうちで「人」がいちばんつくりやすい。

　たとえば、多くの人たちが「紹介してもらいたい」と思う人と１人懇意に
なったら、「この人を紹介します」と周りの人にいう。「もしかしたら社長と
考えが合うのではないかなと思ったので」「もしかしたら意見を共有できる
かもしれないと思ったので」「この人を紹介しますよ」といった感じであ
る。冨田は、たまたまつながった上場企業の経営者に「その上場企業の経営
者を紹介する」と言って他の経営者を５人ぐらい集め、帝国ホテルで夜、会
合を開いた。すると、この５人の経営者からすごく喜ばれて、また、その５
人の経営者を起点に「この人を紹介できますよ」と何人もつながるように

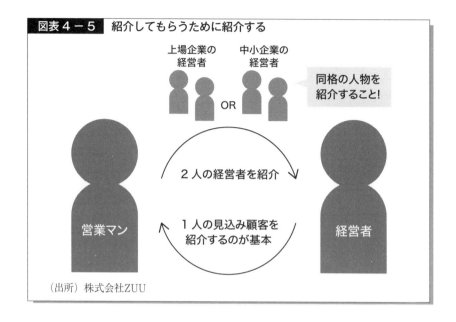

図表4-5　紹介してもらうために紹介する

上場企業の
経営者

中小企業の
経営者

OR

同格の人物を
紹介すること!

営業マン

2人の経営者を紹介

1人の見込み顧客を
紹介するのが基本

経営者

（出所）株式会社ZUU

なった。

　経営者のなかにも「紹介されるのがうれしい」「いろんな人と会ってみたい」という社長がいる。つまり、自身にエッジが立たなかったとしても、人を紹介できることにエッジが立てば、同じように紹介を受ける可能性があるということだ。なお、紹介するときは同格の人物を紹介するのが基本である。冨田の経験では、2人紹介したら1人の見込み顧客を紹介してくれるケースが多かった。

2　PB（プライベートバンカー）の開拓方法

　資産10〜50億円の富裕層の開拓について解説したい。上場しているオーナーであれば、自社株だけでそれくらいもっている。このような先について

は手に入る情報が多い。なぜかというと、この規模の富裕層というのは、企業オーナー、医療法人オーナー（開業医）、不動産オーナーのほぼ3オーナーしかいないからである。経営者であれば会社の情報が出てくる。医療法人オーナーも同様である。不動産オーナーは、基本的に登記簿などをみると出てくる。そのデータを分析して相手の琴線に触れそうな提案ができれば、DMやテレアポレベルであってもアポが入る可能性がある。フェイスブックやリンクトインを探して接触することもできる。

　また、資産50億円以上の対象先にも通じることだが、基本的には紹介やインナーサークル経由のほうが、圧倒的に効率が良い。たとえそのネットワークに自分は入っていなくても、その人につながる対象先というのは意外といるものである。ある一定以上の規模のオーナーには過去の人間関係を大切にする人が多い。たとえば、以前所属していた会社の社長や、ネット上のインタビューで「この人が恩師です」と言っていた人などである。そういった人たちを捕まえることが必要になってくる。富裕層同士のネットワークであるインナーサークルに入ることも、つないでくれる人がいれば可能である。インナーサークルはたくさんあって、冨田は売上3〜30億円ぐらいのベンチャーや中小企業の経営者のインナーサークルに入ってネットワークを広げながら新規開拓していた。

　たとえば、ある著名人が運営する経済・経営塾があって、年会費がとても高かったが、社会人1年目の時から通っていたそうだ。会員はかなりの年商の企業オーナーばかりで、そのなかで特に開拓はしなくても、一緒に切磋琢磨しているうちに何人かは顧客になった。いまの立場だからいえることだが、経営者には金融のことをわかっていない人が多く、ある程度理解していても、やはりセカンドオピニオンを求めているので、気軽に聞きやすい若者という存在だったのであろう。

　ほかにも、いろいろな地域で倫理法人会という会が行われている。冨田が飛び込み営業を始めて2週間目ぐらいに、運良くある学校法人の理事長が

会ってくれたそうだ。すると「勉強したほうがいい」と倫理法人会に勧誘され、毎週土曜日の朝6時からその倫理法人会に通った。そのコミュニティのなかで地域の名士なども開拓したし、自分からは積極的に提案はしないけれど、次第に相談されるようになってきた。ある意味インナーサークルの1つだ。

冨田が入社3年目の時、ある大手ベンチャー企業の取締役の方とお酒をご一緒していたら、横の席にその取締役の知人の上場企業の社長がいて、後日、挨拶の連絡をしたらご飯に誘っていただいたという。その席で、「今度こういう人たちを社長に紹介させてください」と言って、さらに冨田の人脈がある経営者たちを連れて1つのサークルみたいなものをつくった。冨田以外は全員経営者。このように、自分でサークルをつくることもできる。自分が最初につなげたので主導権も握れるし、そこから新しいメンバーを加えることもある。また、交流会に呼ばれて、そこで知り合った経営者とビジネスになる可能性もある。

Column

見込み顧客を増やす「魔法のトーク」

魔法の言葉は「ちなみに○○社長、すでにお決まりの証券会社さんがあるのでしょうか」という質問。これは「証券会社は使っていますか」と聞くよりも圧倒的に効果が高く、使っているかいないかを即座に見極めることができる。

質問には「〜でしょうか」「〜ですよね」と聞く2つのスキルがある。質問に答えてくれそうな雰囲気の人には「〜でしょうか」と聞き、答えてくれなさそうな人には「〜ですよね」と使い分ける。たとえば、「どちらにお住まいでしたか」と聞くのではなく、「杉並区にお住まいでしたよね」と聞くと、

「いや、世田谷区ですよ」と返ってくることが多い。後者だと、前に住んでいることを聞いたことがあったかのように見せかけることができる。「お決まりの証券会社さんありましたよね、大和さんでしたか」と聞くと、なければ「いやいや、ないよ」、あれば「違うよ」などの反応が返ってくる。人間には間違った情報を訂正したくなるという心理が存在し、それをうまく活用する例である。

　最初に証券会社との付き合いを聞くことにより、反応次第でその後のアプローチを変えていくことができる。受付を突破してキーマンと初めて話せたとき、「初めまして、野村證券の冨田です。ちなみに、もうお決まりの証券会社さんがあったのですよね」と最初に聞く。使っている場合はそこを突っ込んでいけばいいが、使っていない場合は本業や為替ヘッジ、不動産の話をしていく必要がある。これができずに違う話をしてしまうと非常にもったいない。

　情報は、本人以外に受付からも聞くことができる。受付の断りに対して、「もうお決まりの証券会社さんがありましたか、大和さんでしたか」と聞くと、「いえ、違います。銀行系です」とか「そうです、もう決まっています」と返ってきたりする。あらかじめホームページなどでメインバンクを確認しておき、「メインバンクが三菱さんですから三菱UFJモルガン・スタンレー証券さんですかね」と切り返すことができる。そうなると、三菱UFJモルガン・スタンレー証券の売れ筋商品を調べてもっと深い話についていくことができる。社長と話した時には１発目に、受付の時には２発目にこの質問をぶつける。これがいちばん、見込み顧客になる確率が高いトークだろう。

第 **5** 章

富裕層・経営者への
コンサルティング

戦略的雑談の重要性

(1) 「戦略的雑談」と一般的に使われる「雑談」はどう違うのか

　営業先の受付を突破し、やっと念願のオーナーと話をすることができた。オーナーから「君、誰だっけ」と尋ねられ、自己紹介をした後にどのような話を切り出せばよいだろうか。たとえば、受付を為替の話で突破したのであれば、相手が為替のニーズがある可能性はあるため、為替の話をするのも1つの手だろう。しかし、いきなり本題に入ることを望む人は少ない。「今日は為替の話で来ました」と、為替のことをいきなり話すより、他愛もない話なようで実は為替の話題につながっていく雑談を挟むべきである。ここでは、そのような雑談を「戦略的雑談」と定義して話を進めていこう。

　戦略的雑談は、世間話や一般的な雑談とは異なり、意図をもち、自分が話したい本題につなげていけるように会話をコントロールしなければならない。対象先のビジネスの話で前に進めても、自分のビジネスの話で前に進めてもよい。ただ、自分のビジネスの話を前面に出すと、不快感をもたれる可能性があるため、相手に応じて内容は変えていきたい。会って早々「株式市場の動向はどうだ？」と会話を始める経営者には、「ここ最近弱いですね」といった話をすればよいが、このような人は少数派だろう。

　注意点は、雑談を雑談のままで終わらせてはならないことである。"戦略的雑談"の1つとして、ビジネスの話をする必要があるのだ。多くの資産アドバイザーは、雑談とは、世間話をするものだという認識をしているが、この認識は誤っている。就職活動時に「あなたについて教えてください」「あなたの頑張ったことを教えてください」といわれたことを考えてもらいたい。この時間は"戦略的自己紹介"、つまり自分のアピールの時間であったことは明白だろう。営業の際にも最初の時間をこのように使うべきなのであ

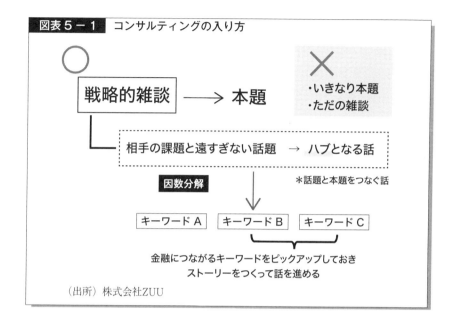

図表5−1　コンサルティングの入り方

○

戦略的雑談 ⟶ 本題

×
・いきなり本題
・ただの雑談

相手の課題と遠すぎない話題　→　ハブとなる話

因数分解　　　　　　　＊話題と本題をつなぐ話

キーワードA　キーワードB　キーワードC

金融につながるキーワードをピックアップしておき
ストーリーをつくって話を進める

（出所）株式会社ZUU

る。

⑵　2つのリターンを理解する

　戦略的雑談を構築するにおいて、人間的信頼関係とビジネス的信頼関係という2つの信頼関係（リターン）を理解することが重要だ。なぜ社長は忙しいなか、人と会ってあげなければならないのか？　なぜ電話に出なければならないのか？　簡単に言ってしまえば、リターンがあるからだ。

　では、リターンとは何だろうか。リターンには2種類ある。最も大切なのは、「ビジネス的リターン」であるが、もう1つに「人間的リターン」というものがある。

　ビジネス的リターンというのは、「顧客を紹介してもらえるかもしれない」「現状の人材難の課題について、採用の面から支援をしてくれるかもしれない」「組織コンサルティングに入ってくれて、自分たちの会社組織が強

くなるかもしれない」といった期待だ。そうした期待をもって人に会う。読者の皆さんが、わりと忙しい時期に「水曜日の夜に会いたい」と言われたらどうするだろうか。翌日も朝早くから出勤して仕事をしなければならないようなときに、「ご飯に行こうよ、21時から」という具合に、だ。「いやいや、最近は毎朝早いから……」と困るだろう。では、誰なら、どういう人なら、それでも時間をつくって会おうと思うだろうか。

　昔からの仲間に「相談がある」と言われたというときは、会うかもしれない。しかし、「昔からの仲間と会う」というときは、多分に「会うことによってリラックスできる」というリターンがある。また、過去に自分の相談に乗ってもらったことがあって、人間的なリターンを得たから、今回は「その借りを返して、借りを解消する」という気持ちのこともあるだろう。逆に、「1回ちゃんと相談に乗ることによって、自分も相談したいときには相談できるような相手になってもらう」と将来のリターンに期待することもあるかもしれない。人間的な信頼関係というのは、そういうことなのだ。

　人間的なリターンというものは、精神的なリターンであることが多い。そして、ビジネス的リターンというのは、経済的なリターンだ。これは以前に冨田が上梓した著書にも「リターンには2つあって、精神的と経済的なものだ」と書かれている。相手に対して、経済的な貢献ができなくても、「人間的に自分は貢献できる」というものがあれば、それは良いことではないだろうか。

　社会人になると、ビジネス的なつながりや、経済的リターンを求めることが多くなり、仲良くなるのは、そういう場面で知り合う人である。経験を重ねるごとにどんどん増えていくだろう。しかしやはり、「一緒にいてリラックスできる」という関係もほしくなる。「こいつとなら人間的につき合ってもいいなあ」という感じだ。だから「ポジティブである」とか「話をちゃんと聞いてくれる」とか、こういったことは、ビジネス上の付き合いでも友人同士でも、普通の人間関係でのうえでは非常に重要なのであるが、なかなか

できていないことが多い。

　資産アドバイザーが元気そうであれば、少し疲れ気味の社長が「ちょっと、元気をもらいたい」と思ったり、「元気そうな若者で、元気をもらえてちょっといいなあ」と思ったりすることもあるだろう。

　そして、ノスタルジーを感じてくれることもある。「自分が営業マンだった若い頃を思い出して、ちょっと会ってやった」といったような、「熱心だから会ってやった」みたいな気分になることがあるだろう。

　これにも2つのパターンがあり、1つは、「熱心な若手の姿を通して当時の自分を思い出すことによって、自分が懐かしく幸せな気持ちになる」というもの。もう1つは、「そういう若手を応援することによって、自分の心が満たされる」という感覚だ。相手が熱心な場合、「そこまでして、自分に会いたいのか」「そんなに俺に会いたいのか」と思う。つまり、承認欲求がくすぐられるということだ。「社長の著書10冊を全部読んで、感想文を書きました」など言われると、悪い気はしない。「そんなに俺のファンなのか」と思ってもらえる。ストーカーみたいに追い回されると怖いが、「ファンです」とか、「お役に立ちたいです」などと言われると、たいていは嬉しくなってしまうものである。人間的信頼関係としてのリターンには、そうした側面もある。

　最近は、人間的信頼関係というと、昔タイプの営業マンだといって否定するきらいがある。「まずは相手の懐に飛び込んでから」みたいな戦い方は古くて、もっとビジネスライクに物事を進めなくてはならない、というような意見だ。しかし、そのように完全に分けて考えなくてもよいのではないだろうか。人との付き合い方には人間的とビジネス的の両面があり、その両面を最大化する必要がある。のび太くんに泣きつかれたときのドラえもんのように、顧客が困っていたら、ひみつ道具というソリューションを提案するとともに、親身になって話を聞く。そういう高い問題解決能力と、顧客に寄り添う人間臭さを併せ持つ人が、これから求められる理想の営業ではないか。

(3) 戦略的雑談で自然に本題に入る

　リラックスした雰囲気をつくり、顧客に心を開いてもらうために行うアイスブレーキングは、定番の「木戸に立てかけし衣食住」のなかから話題を探す人もいるだろう。それも立派な型である。しかし、それが初めての面談だとしたら、雑談を雑談で終わらせてしまうのではあまりにもったいない。先日、冨田のところに金融機関から若い営業が来た。冨田は自分の悪いクセだといっていたが、相手の営業がどうやって話を切り出してくるのかお手並み拝見といったところだったそうだ。

　彼は冨田の過去の本を読んできてくれたようで、最初にサッカーの話を持ち出した。彼も学生時代サッカーをやっていたそうで、会話はそれなりに盛り上がったのだが、時計をチラッとみた瞬間に急に真面目な表情になって、「そろそろ本題なのですが」とトーンを変えて来たのだ。「さあ、茶番はこれくらいにして、いまからあなたを説得しますよ」と宣言されたようで、せっかく和らいだ空気も一瞬で凍った。相手の趣味にあわせた話題を切り出せば人間的信頼を得られるだろうと考えることは決して間違いではない。冨田も相手のコミュニケーションスイッチが入りそうなキラートピックを事前に調べてアイスブレイクに使うこともあった。しかし、本題と完全に切り離してしまうのは人情型営業がやりがちな典型的な話の展開の仕方だ。

　相手の課題と思われる話に遠からず近からずのところから始めて、いつの間にか本題に入っていることが理想の面談だ。サッカーの話から入るのであれば、監督の話にシフトして個性派集団を束ねる難しさの話でもして、そこから会社経営にもっていってもいいし、スター選手の高額年俸の話をして、資産運用や税金対策の話から入ってもいいかもしれない。とにかく流れを切らないことが重要になる。

　戦略的雑談ではハブをつくることが重要だ。スポーツで話を進めてみる。スタジアムの収支とか、選手の話、スポンサーの話、後はサブビジネス。そ

して、サブビジネスの話なら、実はこちらの話につながるという、ハブを用意する。ハブとは、要は接続するもの。スポーツの話とビジネスの話をつなぐものである。通過点、通る場所ともいえるだろう。こうしたものを用意しておくと、ストーリーが綺麗になり、自然と自分が意図したほうに話をもっていくことができる。

　だから、子供の教育と投資について話をするときも、金融教育や、ビジネス、企業について知っておいたほうがいいなど、さまざまな教育の話がある。「金融教育に関しては、これが結びつけられる」という話題をあらかじめ用意しておくのだ。

　その話題を因数分解して、共通するキーワードを取り出すと、話題をつなげやすいストーリーが生まれてくる。言い換えれば、話題をそれぞれ分解したときの共通項だ。分解したときに、何かしら共通項が出てくるから、共通項から話を転換させる。どんな話題でも、お金の話は必ず付随してくる。おいしい飲食店の話でもいいし、快適なホテルの話でもいい。良い旅行先の話でも、ブラジルの話でもいい。そうすると、戦略的雑談のほうの話にもつながるうえ、ストーリーができてくる。

2　ビジネス的信頼関係の構築

　多くの資産アドバイザーは、比較的自分たちの商材・サービス周辺においてのビジネス的信頼関係を最短距離で築こうとしがちだ。法人営業をしているのであれば、1番の目的は利益を出すことなのだから当然のことである。利益を出すためには、基本的には「売り上げを上げる」か「コストを下げる」の2つしかない。そこは分けて考えなければいけない。何がいいたいのかというと、いちばん本質的な、ビジネス的な信頼関係、ビジネス的支援というのは、最終的に「この人と付き合うことによって利益が最大化される」

ということだ。言い換えれば、「会社経営に関する360度すべてが、ビジネス的信頼関係の構築につながるはずだ」ということである。もちろん、それとともに、社長個人の能力の最大化とか、そうしたことも含まれるかもしれない。「別にどこを支援しても構わないよ」という話だ。

(1) 戦略的雑談力を鍛えるトレーニング方法

戦略的雑談力を鍛えるトレーニング方法を紹介しよう。日経新聞を読むときに、生活欄や地方欄のどんな欄のどんな片隅の情報でも、それを相手の本業の話に結びつけることだ。どんな視点からでも相手の本業の話に結びつけられ、相手にとってメリットのある情報につなげることができるようにトレーニングしていく。情報に＋αをつけ、何でも付加価値のあるものにできる能力は非常に重要で、それを鍛えていくと、どんな世間話からでも相手にメリットのある話につなげていけるようになる。慣れてくると、相手とどのような会話をしていても商売の話になっていくとか、無数にアイディアを生むことが可能だ。

何もネタを用意していかなくてもその場で話しているだけで、どの経営者と話をしても、話ながら新しいビジネスアイディアがお互い生まれるようになる。「それはこういうふうにすると、もっとユーザーが増える」とか、「これはこの分野をこういうふうに使ったら収益化できるのではないか」という具合だ。情報をインプットするときに、このネタをこういうふうに伝えたらおもしろいということを常に意識して、アウトプットし続ける必要がある。

ビジネスの話を徹底的にすると、飛び込みで訪問したにもかかわらず、相手に会社を深く調べてきたような印象を与えることができる。5分だけ話したはずが、まるで1時間話したかのような密度の濃い時間をつくることが可能だ。そして、その話の流れのなかで、相手の本業の話へどうつなげるかということを考える。たとえば、相手がタクシー会社であれば、「最近タクシーの台数を増やしているんですよ」「そうですか。原油価格が上がってガ

ソリン価格も上がってきていますから、タクシー台数が多いと大変なんじゃないですか」「そうなんですよ。ガソリンコストが上がってしまって」「そういうリスクヘッジの手法って銀行さんでやられているのですか」といった話を展開していく。そして、原油価格に連動したETFを少し購入することでヘッジになることや原油価格に連動したスワップ取引という提案をすると、非常に自然な流れで営業の話に移すことができる。このような会話は本業に結びついているので、「売り込まれた」とか「提案された」と言うより、「解決策を教えてもらった」と感じてもらうことができる。

⑵　雑談から「優秀な営業であること」を感じ取ってもらう

　コミュニケーション全体を通じてビジネス的信頼関係を深めることもできる。たいしたことのない政治の話かもしれないし、ちょっとした自動車の話なのかもしれない。しかし、標本調査のようなもので、この話題でこれだけ深い話ができるということは、多分この人は裏側に相当の知識をもっている人だ、とみられる。周囲の人たちも、そうしたことから相手の能力を見定めているのだ。

　車の話を１つするにしても、「トヨタさんがKINTOというサービスを出しましたよね。毎月定額料金で、レクサスなどの車種に乗れるサブスクリプションサービスで…」とビジネスモデルで切るのか、「あれってデザイン的にこうですよね」とデザインで切るのか、「あの車のエンジンは……」と技術的に切るのか、どこに旗を立てるのかは、それぞれで構わない。しかし、そういうふうに旗を立てておくと、１つの事象に対していろんな方角に広がっていることがわかる。だから、横にもある程度幅がなければいけないし、さらに縦にも深いということになると、「この人は相当１つの物事を深掘りできる人だ」と周囲にみられることになる。すると、相手は「話をすると、とても勉強になるし、いろんなインプットをもらえそうだ。解決策をもらえそうだ」と思ってくれるわけだ。

つまり、雑談の時点ですでに、ある一定以上のレベルの人たちは、それとなく相手の見定めが始まっている。しかし、そういうときに限って、彼らは関心がなさそうな感じで聞いている。聞いていないような感じで「ほお、そうですか」というように、だ。でも、心のなかでは非常に関心をもっている。ナレッジが深い方だったら、「その後の話が本当に楽しみになるなあ」「どんな話が出てくるのだろう」みたいに感じてくれていることは、よくある。

　反対に、入りが雑だったり、レベルが低かったりすると、簡単に見切られてしまう。以前、ある銀行のウェルス・マネジメント部門の担当者が「挨拶をしたい」と言って、冨田を訪ねてきた。すると、挨拶もそこそこに、いきなり「冨田社長の資産配分は、どのようになってらっしゃいますか？」みたいなことを聞いたという。「どうして、この質問から入るの？　なぜ答えなければいけないのか？」と思ったそうだ。この方と話をしても無駄な時間になりそうだなと思い、５分ぐらいで切り上げた。

　何が言いたいかというと、相手に見切られないようなコミュニケーションの能力が必要だということである。コミュニケーションというのは、上級なコミュニティほど、コミュニケーションという演技を大切にしている印象を受ける。

　リアクションや話のネタ、相づちや笑う感じ、ジョークなどユーモアみたいなものも芸術的だ。よく映画やテレビで見かけるヨーロッパの貴族の食卓があるだろう。ちょっと会話にユーモアとかが溢れるみたいな感じのだ。そうしたものを若い時にみても、「この食事会に参加しても、おもしろいのかなあ」と思うが、少しずつおもしろさがわかってくるものであり、そうした会話の質を理解できるかどうかの違いは、コミュニケーション能力として大きく差が出るものかもしれない。

　銀座のクラブなどもそうだろう。別に高貴な会話をしているというわけではなくて、下品な会話があったとしても、返し方や会話のレベルが高い。そうしたコミュニケーションのレベル、ただ、話すのがうまいとか、相手の話

130

を聞くのがうまいとか、そういうことではなく、高度な会話の掛け合いを理解し、楽しめるかということだ。

これらは相手に対して「じゃあ、次は俺のネタを披露するぜ」みたいな、ぶつけ合いである。それに対して心のなかで「おっ、やるな、お前」とか「結構いいネタをもっているな」と感じながら、それに対抗する話題を披露する。そうやって相手の実力を推し量ったり、お互いの技量を比べたりするようなやりとりがあって、人はだいたい会話のレベルが合う者同士で一緒にいるようになる。そういう意味では、戦略的雑談は簡単そうに見えてとても深い話なのだ。

話し手もそうだが、受け手の返しにもコミュニケーションレベルが現れる。何気ない返しにも「おっ、コイツやるなあ」みたいなことがある。「いまの返しは、こちらの話をちゃんと理解しているな、この人は。ただの知ったかぶりではないな」とか、人はそうやって感じながら、相手の反応をみているわけだ。

そう考えると、漫然と相づちを打つのではなく、相手の話を要約して返す、オウム返しのレベルは最低限必要ということになる。ただ、相手の話を要約しているだけだったら「君はオウム返しをしているだけだね」となってしまうので、要約して返すときに「こういうことですか」と同意を求めるようなことも必要になる。違う例を引き合いに出して、「この場合もそうですか」みたいに返し、すると相手も「おお、そう、そうなんだよ」となる。

相手にあわせるということも大切だ。相手の会話レベルよりも、自分の会話レベルが高すぎてしまうと、相手は居心地が悪くなるので、相手の目線にあわせながら、プラスアルファで「互いに学び合えるね」といった水準に調節する。多くの人は、ある程度の優越感と優位性を保っていたいので、「こいつは自分よりかなりレベルが高い」と思わせすぎてもいけない。

自分の本業である金融分野に関しては、それでよいだろうが、普通の会話のときに「あらゆる知識において、自分はこいつに全然敵わない」と思わせ

てもいい人と、いけない人がいることは理解しておくべきである。プライド
の高い人は、そう思わせてはいけない人の典型だ。ある程度、会話のレベル
を相手の目線にあわせてあげることも必要になる。しかし本当に「何でも学
びたい」と考え、先生を求めているみたいな人には、あえてレベルを高くし
てみる。しかし、そうした人でもレベルを上げすぎると、今度は難しすぎ
て、相手が「こちらのすごさを理解できない」みたいなことになってしまう
ので、気をつけなければならない。

　そして、「なんだ、この人の話はわかりにくい」と飽きられてしまうこと
もあるので、レベルの調節は必要になる。相手の二歩先や三歩先まで行かな
いで、半歩から一歩先ぐらいまでに抑えるという感じである。そうしたこと
に、気を配れるようになると、若い人でも、きっと「大物」と呼ばれる人た
ちに気に入られるようになるだろう。

3　人間的信頼関係の構築

　人間的信頼関係に関しては、いろいろなコミュニケーション本に書かれて
いるのでそちらに譲るが、冨田が富裕層や経営者との金融ビジネスにおい
て、特に大切にしていた3つのことを、ここで共有しておきたい。多くの人
が寄ってくる富裕層や経営者にとって、この人間的信頼関係が築けるかどう
かの見極めは恐ろしいほど速い人も多い。時間が有限であり、付き合うこと
ができる人や時間は限られていることを誰よりも知っているからだ。

ステップ1：信頼されないことをしない
ステップ2：相手との共通の話題や体験をもつ
ステップ3：相手の価値観に共感する

　以下に具体的に説明していこう。

(1)　ステップ 1 ：信頼されないことをしない

　「どうすれば信頼されるか」を考え始めると、相手によって期待値が異なるので意外と難しい。しかし、「どんな人を信頼しないか」と考えてみると、すんなり共通点がみえてくる。先日、社内の若手で「信頼できない人」についてブレストをした結果、次のような要素がみえてきた。

・ウソをつく人　　　・遅刻をする人
・悪口をいう人　　　・挨拶をしない人
・人相が悪い人　　　・表裏の激しい人
・否定から入る人　　・見た目がだらしない人

　これらを絶対にしないと心がけるだけで、人間的信頼を損なうことはある程度避けられる。しかし、実際にはそれすら実践できている人は少ない。「信頼できない人」の特徴はステップ上記以外にいくらでもあげられるが、そのなかの 1 つも当てはまっていないと断言できる人はいるだろうか。人から信頼される基本は、信頼されないことをしないこと。初歩的な話に聞こえるかもしれないが、それだけで資産アドバイザーとして、大きな強みになるのだ。それが達成できたら、次は少しずつ改善していく。「自分の人相は悪くない」と思っているなら、どれだけ人相をよくできているだろうか。もしくは「挨拶は欠かさない」と思っているなら、どれだけ気持ちよく挨拶をできているだろうか。こうやって自問を続けていくと、どんなに当たり前にみえることにも改善の余地は必ずあると気づくだろう。

　基本を大事にする人はそのことを理解している。自分のことを信頼してもらうためには、自分も相手のことを信頼することが基本だと思う。それは明確なロジックで説明できるものではないし、相手を信頼したからといって期

待通りにならないこともある。それでもやはり自分の態度は絶対に相手に伝わるだろうし、「なんだかこの社長、怪しいな」と思った状態で自分が信頼された経験はないのではないだろうか。ビジネス的メリットを感じてもらえても、それだけでは「熱狂的信者」にはなってもらえない。少なくとも冨田はこの心構えを、営業を離れたいまでもずっと大事にしている。

(2)　ステップ２：相手との共通の話題や体験をもつ

　人間的信頼関係を築く２つ目のステップは、相手をよく知ることだ。冨田が前職の時、ある優秀な先輩営業マンから「社長室に通されたら、その瞬間からあらゆるものをみろ」と口癖のようにいわれていたという。椅子やデスク、パソコン、筆記用具、張り紙などの言外の要素から、相手がどんな人なのかみえてくるものがある。その最たる例が車だ。社長には車好きの人が多い。冨田はどちらかといえば車の知識に疎いほうだったが、それでもレクサスやポルシェ、ベンツ、マセラッティなどの高級車が、およそいくらぐらいの価格帯で、どのような特徴があるのかぐらいは最低限頭に入れておいたという。たとえば、同じレクサスでも「LS」シリーズはおよそ1,000万円。「GS」は600万円、「IS」は500万円くらいの価格帯だ。そうしたことをふまえておくと、営業先の経営者がレクサスに乗っていれば「いい車ですね」と単純に言うだけでなく、「外の車、もしかして社長のですか。あのLS、もしかしてキャッシュでお買い上げに……？」というように、会話の展開の端緒をつくれる。共通の話題を創出するため、車の基礎知識を頭に叩き込むというのはよい。

　極端な雑学王になる必要はないが、営業である限り知識の広さは重要であり、特定の領域の知識については深さをもっておけば立派な武器になる。そして、よくコミュニケーション本に書かれている「共通項を探す」ことである。同じ地方の出身である、同じ大学である、同じ趣味をもっている、共通の知人がいるなど、共通項が多いほど人間的信頼関係が増す。冨田も経営者

の趣味や出身地や出身大学などの情報をネット検索し、ちょっとした共通点のヒントを求めてアポの数分前に現地に行って、会社や自宅周辺をぐるぐる回りながら情報を集めるようなこともしたという。

(3)　ステップ３：相手の価値観に共感する

　人間的信頼を構築するときの究極形は、その人の哲学や生き様に共感することだ。人間的信頼を本当に得たいのであれば、相手を好きになり、相手のファンになるというプロセスが必要である。相手の価値観の素晴らしいところをさらに知ろうとすればいい。その時点までは、こちらの営業の事情なんてどうでもいいというスタンスが求められる。オーナー社長の場合は、経営理念が社長の価値観そのものだ。だから冨田はどれだけ忙しくても面談前にその企業のHPを開いて経営理念や会社のビジョンをチェックした。「いま私が営業をするなら、絶対にSNSやブログも調べるはずだ」と言っている。仕事でのこだわりや、世相の切り方、政治的なスタンス、将来的な夢といった情報は、昔であれば何度かお酒を酌み交わさないとわからないことだったが、いまではそれが世界に向けてつぶやかれているのだから、それを見ないのはあまりにもったいない。

　また、先ほどの例でいえば、冨田は乗っている車から相手が大事にしている価値観を探ることもしていた。たとえば、1,000万円級のレクサスに乗っていれば「機能を大切にするのかもしれない」、フェラーリであれば「自己顕示欲が相当強いのだろう」、ポルシェであれば「少し控えめな性格かもしれない」というように。もちろん、外れることも多いのでそれを型と呼ぶべきかは微妙だが、まずは仮説を立てることで「自己顕示欲が強いとしたら、アメックスのブラック・カードの話を振ってみよう」などと次のアクションがみえてくる。それに乗ってくれれば一気に信頼を勝ち取れるし、反応が鈍ければ軌道修正をすればいい。また、信頼関係を築こうとして、聞かれもしない自分のことを滔々と話す人がいるが、それはまったくの勘違いである。

人は「自分の話を聞いてくれる人」を信頼する。だから営業は「相手が話したいこと」を絶えず探り続けて、話をうまく誘導すべきである。ただし、「相手が話したいこと」もさらに分解できる。たとえば、社長のデスクにお孫さんらしき写真が飾ってあったら、当然話したいことだろうし、話を振れば喜んで話してくれるはずだ。

ただし、その話題については、社員や取引先、他の営業とも散々話しているはずなので、差別化はできない。「相手が話したいことで、なおかつ普段、話せないこと」を話題に選ぶとよいだろう。有名な「ジョハリの窓」の分類でいえば、左上の「開放の窓」がお孫さんの話題で、左下の「秘密の窓」がターゲットにする領域である。相手が経営者の場合、「秘密の窓」に該当するのは主に経営上の悩みである。経営者はその立場上、部下や他の経営者仲間の前では弱音を吐くことができないし、家族に仕事の話をしても理解してもらえない。しかし、第三者的なポジションである営業は、そこにうまく入り込める可能性をもっている。そのことに気づいてからというもの、冨田は孤独な社長のよき相談相手になれるよう努力を続けた。先ほど「経営理念」こそ最強のネタ振りだと書いたのも、そのような深い話ができる相手は社内にも滅多にいないからである。「他の人には話せないが、キミには話せる」と思ってもらえれば、もはやいち資産アドバイザーとしての位置づけではなくなる。

4 初回面談時のヒアリング

(1) 投資哲学を共有する

資産アドバイザーは、自分たちが教育した内容に基づいて提案できる主体者になれる。そういう大上段で顧客との関係を築けるかどうかは非常に重要

なことである。投資哲学自体を顧客とともに握っていれば、株でもまったく同じことがいえる。たとえば、顧客とともに「PERとPBRが重要だ」ということを握っておけばよい。他社はいろいろな指標、たとえば、直近の業績成長率やオーナー系企業、海外進出企業といった視点を切り口に提案してくるが、顧客を教育できていれば、自分たちはそれに合った銘柄を提案するだけでよく、顧客も一喜一憂しなくなる。

　投資信託や株式などの変動商品はどうしても「上がりますよ」「下がりますよ」という議論になりがちである。だが、それに顧客が一喜一憂しているようでは、顧客を教育できているとはいえない。なぜなら、上がるか下がるかの議論で顧客がその商品を選んでいるうちは、担当者としても上がれば信頼され、下がれば信頼を失う関係になってしまうからである。

　このような考え方は、変動商品を扱うマーケットにおいて本質的ではないのではないか。資産運用において損が出る可能性は常にあるし、一方で目を瞑って買っても上がることはある。コンサルティングにおいても考え方は同じであり、むろん事業承継の考え方もそうである。顧客へは「事業承継はこうすればよい」という考え方からきちんと教える必要がある。

　投資信託も株式も単発で売ることはできる。「これが上がりそうです」と言えば売れて、このほうが楽であるが、それでは顧客の「懐のお金」は引き出せない。顧客にとって、「この人は儲かる情報をもってきてくれる人」くらいの存在になってしまう。もちろん刺激も必要である。逆説的なことだが、顧客も一喜一憂したいし、その一喜一憂を共感して顧客との距離が縮まることも、それはそれで重要ではあるが、本質は違うと考える。

　投資哲学までシェアできる関係の構築は簡単なことではない。理想的なのは、最初からそのような会話ができることであるが、こちら側が認められていたり、信頼されていたりするわけではないので、それには当然限界がある。

　まずは、向こうのヒアリングから始める。基本的にどのような考え方に基

づいて投資をしているのかヒアリングしていく。すると、ほとんどの顧客の考え方は必ずぶれている。

それどころか、そもそも投資に関する思想をもっている人は少ない。プロの投資家でもなければ、多くの人が投資分野で哲学をもつところまでは至らない。自分のビジネスの考え方1つをとっても、型ができている人は多くない。ましてや、投資分野でそれができているほうが少ないことも当然である。

もちろん、顧客によって少しずつ調整することもある。投資によって中長期で資産を守り増やしていく、という目的のほかに、顧客が大切にしている思想、たとえば創業50年、100年以上の企業を応援したいという気持ちがあるなどのケースである。

投資哲学は、全部こちら側から教えたり押し付けたりする必要はない。顧客ごとの投資哲学を一緒につくっていくことが重要で、そのためにはこちらが引出しを多くもっておく必要がある。顧客に教えられるレベルになるために、顧客の10倍、100倍勉強しておかないといけない。

顧客にすでに思想がある場合には、その投資哲学のなかに一緒に入っていけばよい。一緒に資産運用哲学のなかをさらに深掘りしていったり、それに共感していったりすると、関係性がさらに深くなる。そのレベルで共感を得ることができたら、他社に取られることはない。

話は戻るが、基本的にはまずヒアリングから入る。「なぜ資産運用しているのですか」と聞いても、正確に答えられる人はあまりいないだろう。「儲けたいから」「資産を増やしたいから」という答えが多い。それに対して、「では、ここでもう1つ質問です。なぜ資産を増やしたいのですか。私は、いつも、最初に聞かせていただいているんです」と返すと、「えっ、いや……」という感じになる。

つまり、お金は重要だが手段にすぎないということを気づかせてあげる必要があるということである。その手段として、どういうことをしていきたい

かという質問をすると、深い話につながっていく。どこの担当者もそんなレベルまで掘り下げた話をしないので、そのレベルで共感できたら強い。

(2)　全資産のヒアリングを行うための方法

　全資産のヒアリングを行うとき、税金対策や事業継承対策で入った場合は、バランスシートを書く方法を使う。3件のうち2件くらいは答えてくれる。もちろん、その前の信頼感のつくり方に基礎がある。

　もう1つ、勝手にこちらでポートフォリオを書いてしまう方法がある。当然、初対面で何をいくらくらい保有しているのかを聞いても、ほとんどの人は答えてくれない。だからこちら側で勝手に書いてしまうのだ。たとえば、投資対象をさり気なく聞きつつ、ブラジルやオーストラリアなどを聞くことができたら、アバウトに書いてしまう。「こんな感じでしょうか」とポートフォリオをあえて書く。当てずっぽうでよく、それをみたお客さんはいろいろと教えてくれるようになる。人間は、眼の前にある程度近いが間違っているものが出てくると、訂正したいという心理が働く。しかし、あまりにズレすぎていると、「いや、（あなたは全然わかっていないから）いいです、それは答えられない」と言われてしまうので注意が必要である。

　ポートフォリオを勝手に書くと「こんな感じだと思うけれど、どうだろう、それいくつか買っているからばらばらでわからないな」「そうなんですね。投資信託は銘柄を教えていただければすぐに出せますよ」「そうなの？」「明細とかありますか。金融機関さんから届いている……」のような会話が続いたりする。

　ぱっとメモを取らせてもらい、「すぐに調べられるので、週明けには情報を整理してお持ちします」と間髪入れずに応酬すると、初対面でも半分以上の人が答えてくれるだろう。重要なのは、大前提に「全体感としてどうしたいのか」があるかどうかである。運用している人に話をすると、多くのケースで、お客さんの考え方を正すことができる。変動商品をもっている人の多

くは短期思考教育をされているためだ。どの金融機関も「これで儲かりますよ」といった話をして、そういう教育をしている。

　よく話して理想の利回りを聞くと、年３％くらいのリターンで十分だったりする。それに対して「短期ではないですよ」と話をもっていくと「そうか、この商品は年率10％を超えるといわれて買ったんだ」「あなたの理想から考えると10％は関係ないですね」のような会話ができる。年率10％はすごいというふうに教育されてしまっているけれど、実はそちら側の話をするだけで、感覚が大きく変わってくる。もちろん、綺麗事ばかりでなく、信頼関係をつくったうえで、ポートフォリオのなかで、一部10％の利回りのものがあってもそれは別にいいだろう。ただ最初は、いちばん本質の部分ですり合わせていく必要がある。

5　ニーズ喚起

(1)　プライベートバンクで活用されるゴールベースアプローチ

　プライベートバンクの専門は資産管理であり、それを運用することである。一般的な顧客を相手にするマスリテールは、多くの場合、部分的なニーズに対して商品を売る。それに対してプライベートバンクは、顧客の資産状況や要望に応じて包括的な資産運用の提案と実行を担う。顧客の資産を数億円から場合によっては数千億円単位で預かり、中長期的な視野に立って、その運用方法を検討、提案、実行していく。いうなれば「一族のCFO（財務責任者）」といったところだ。

　顧客の資産をトータルで管理していくためには「資産管理方法の検討」「具体的な商品提案」「投資戦略の立案」の３つのプロセスを三位一体で提供できる体制が必須である。顧客の資産をトータルで管理していくためには、

顧客のゴールを聞き、そこに向けて逆算で行動していく必要があるからだ。スイスのプライベートバンク各社の顧客管理プロセスを比較しても、各社とも独自の言い回しをしてはいるものの、アドバイザリースタイルはほとんど一緒である。

---

① 顧客について知る
② 顧客の課題を明確にする
③ 顧客のゴール（資産運用の目的）を明確にする
④ 選択肢を洗い出す
⑤ 選択肢を評価する
⑥ 顧客に行動方針を確定してもらう
⑦ 結果を評価する

という順番だ。ここでもっとも重要なのが①〜③の「顧客理解プロセス」だ。海外のプライベートバンカーは顧客に対して「What's your ultimate goal ？（人生の究極のゴールは何ですか？）」という質問をよく投げかける。その答えから逆算して「○○歳までに△△を実現する」と段階ごとにマイルストーン（中間ゴール）を設定していき、そのマイルストーンに向けて資産運用を決定していくのがプライベートバンカーの典型的なアプローチだ。このアプローチは、顧客のゴールから逆算のアプローチをするので「ゴールベースアプローチ」とも呼ばれている。そして、プライベートバンクがゴールベースアプローチを実行する際に活用するのが、前述の「バランスシートアプローチ」だ。ぜひ皆さんの顧客でも実行していただきたい。

(2)　ヒアリングは全体論から

バランスシートアプローチに関しては第 1 章に記載しているので、ここでは、ややテクニカルな話をしたい。はじめのヒアリングでは、原則、全体論から入る。これは、IPOのように強い商品があれば別の話である。年間勝率

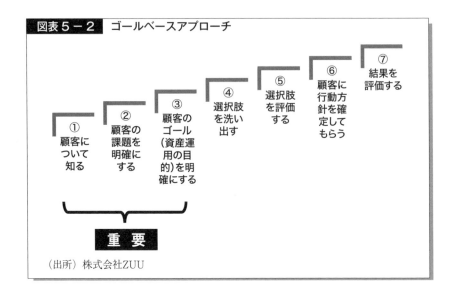

図表５−２　ゴールベースアプローチ

① 顧客について知る

② 顧客の課題を明確にする

③ 顧客のゴール（資産運用の目的)を明確にする

④ 選択肢を洗い出す

⑤ 選択肢を評価する

⑥ 顧客に行動方針を確定してもらう

⑦ 結果を評価する

重要

（出所）株式会社ZUU

が９割を超えるわけだから、こんなにズルい商品はない。誤解をおそれずいえば、お金をあげているようなものなので、商品が強すぎる場合には例外のケースとして考えてほしい。ちょうど買おうと思っていたという人も例外である。冨田が新人時代に最初に飛び込んだ先が、たまたま投資信託を買おうと思っていたというケースがあったりしたそうだ。それはレアケースで、基本的にはヒアリングをしてから提案するのが理想的だ。そうでない限り、商品から入ってしまうとある程度限界がある。商品から入って大商いにつながったケースは、ほとんどないだろう。

　新規の見込みの顧客に対して、「投資信託が出ました」と言って100件電話しても、１件もアポは入らないだろう。500件電話して１件は関心をもってもらえるかもしれない。顧客のニーズがわからない時点で特定商品をぶつけても仕方がないのである。それよりも、お金の考え方であれば、全般的な話なので聞く耳をもってもらえる。顧客からこの商品がほしいと言われたときは別だが（顧客のニーズなので）、それでも、本当にその商品でよいのか聞く

ところから会話をしてほしい。基本的に商品からは入らない。

　何かの商品を売るほうが短期的には楽な気がしても、結果としては大変になる。というのも、そもそもアポが入らなければ聞いてもらえないし、そういったアプローチは商品に関心あるかないかの2択になってしまう。それはDMやポスティングに任せておけばよい。しっかりと全体感を話すことができ、いろいろなパターンのニーズに対応できるようになると、アポ獲得率が増加し、信頼関係も深くなるので、他社からひっくり返されたりする確率が大きく下がる。

⑶　「全体感のすり替え」の技術

　資金アドバイザー側の都合で考えると、中長期の資産と、短期で回していく資産は分けて考えていく。その際にポイントになるのが「全体感のすり替え」という技術である。具体例を出してすり替えについて説明する。

　ある顧客が、自分のところに5,000万円預けてくれているとする。その議論のなかで、顧客の奥底にあるお金、ここでは総資産が5億円とわかったとする。顧客は最初5,000万円を預けているから5,000万円の相談をしていると思っているが、こちらは5億円あるうちの5,000万円をどうするかという全体感から考えた話にもっていく。全体感を5億円にすり替えると、5億円を中長期でどうしていくかという話になる。その一方で、そのうちの一部は短期資金としてチャンスがあったら狙っていきましょうと勧める。そうすると、うまくすれば自分のところで5,000万円が全部短期資金に変わるかもしれない。そのうえでさらに中長期の資金も預けてもらえるようになる。

　おそらく顧客の全資産を聞き出せている資産アドバイザーは5％にも満たないであろう。保険であれば、商品の特性上、全資産がわからなくても成り立つ。保険は規制業種であり、他の領域を扱えない。しかし、証券、銀行は総合金融機関になれるにもかかわらず、顧客の全資産を知らない。全資産を知っていて、全資産のポートフォリオから考えて中長期の話をすれば、短期

の話も一部してもらえる。「基本的に、１年に１回はしっかり決算しましょうね」と伝え、それをさらに上場企業のように四半期に１回は決算を行う状態にできると、四半期ごとにある程度の資産の入れ替えが行われるので収益になる。

　そして、なるべく奥底のお金を入れてもらうのが大事である。5,000万円の預かり資産に対して無理をさせて10％のコミッション収入で500万円をもらうのではなく、５億円を預けてもらい、そのうちの１％だけ手数料をいただき、同じ手数料収入500万円を得るほうが圧倒的に本質的だろう。５億円全部を預けてもらうのは困難だろうが、そのほうが理想的でWin-Winな関係、つまりベクトルが一緒になる。

　このような話に展開させるためには、まずは全体の話をしたうえで、そのなかで一部を買ってみませんかという流れにする。いきなり５億円の提案をするのではなく、最終形態として５億円の話をすると、5,000万円や１億円のハードルが低くなる。５億円の相談相手になった瞬間、そのうちの１億円から始めてみようとなる。そうすると、１億円はちょっといきなりだから5,000万円からとなる。こうやって提案金額の桁が変わってくる。途中から資産全体の相談相手になっていった結果、最初の一部の話がすごく小さい額に感じる。

⑷　本社機能や外部の専門家につなぐニーズ喚起

　通常の資産アドバイザーは、自身で、すべてのプロセスをやらなければいけない。コンサルティングプロセスを効率化する秘訣は「本社機能や提携パートナーをいかに活用するか」だ。多くの資産アドバイザーが、本社や提携パートナーをうまく活用できていない。まず、なぜうまくアポにつなげられないか。アポといっても手数料を稼ぐハードな提案ではなくて、中期的な話などが多いのだが、それでもアポが取れない。

　それは、アポをとるためのセールストークが弱いからだ。お客様へニーズ

喚起をしないといけないのに、できていない。ニーズ喚起の仕方は 2 つある。

---

(1)　その課題に対してニーズ喚起する方法
(2)　「すごい人がいるんですよ、すごい人を紹介しますよ」と興味をもたせる方法

　課題に対して、「いまの状況で事業承継すると、これがこうなって、こうだから大変ですね。これは見直されたほうがよろしいかもしれません」と、こちら側でニーズ喚起をしていき、「この課題解決のために、専門家を 1 人ご紹介します」というやり方が 1 つ。もう 1 つが「僕が知る限り、あらゆる税理士の先生たちが『まいりました』と降参するほどです」「会社法については法律書の隅から隅まで読んでいるようなすごい男がいますよ。なかなか来てくれないのですが、もし関心がおありでしたら、もしかしたら呼べるかもしれません、ちょっと声をかけてみますか？」などというふうに、紹介先を盛り上げる方法だ。

　ニーズ喚起には上記 2 つの方法のどちらか、または両方を同時に使う方法があるが、アポが取れない場合は、だいたいこれがうまくできていない。そもそもアポ取りの段階でハードルが高くなっている。アポ取りのときは、自分で何でも説明しようとしがちだ。いろんな事業承継の話など、もちろん最終的には全部話せたら理想的であるが、そもそも難易度が高すぎるだろう。なぜなら医者でも、「外科医として専門性があり、内科としても、小児科としても、産婦人科としても、全部スペシャリストです」と言う人はみたことないだろう。つまり、「全部自分でやります」と言う人よりも、「内科はオールラウンダーです。症状を見極めたら、それにあった専門医に紹介状を書きますよ」と言う医者にあたるほうが病気がよくなるのでは、という話だ。

　もちろん、全分野で専門家になるのが理想であるが、かなり難しい。それよりも、各方面の専門家へトスアップすることに集中したほうがいい。その

トスアップ方法はマニュアル化、型化できる。「事業承継ニーズ喚起マニュアル」や「スペシャリスト紹介の仕方マニュアル」をストックして、現場で話してみて、日々改良していけばよいのだ。冨田自身、ニーズを喚起してその道の専門家につなぐのが得意で、自分自身の勉強になるからという意味でも、どんどん連れていったという。そうすると顧客との関係性が圧倒的に近くなり、深い話をしてくれるようになったそうだ。

 6　セールストークのつくり方

(1)　ストーリーテリング
──会社経営に関するすべてがビジネスにつながる

これには2つ意味がある。1つは課題解決に対して、助言したり貢献したり情報提供したりすることでも、価値は出せるということ。与えた価値に対する手数料をもらう方法がなければ、「これを代わりに」と言うことができる。「今回は、私の本業に付き合ってください。これは良い債券だと思いますので1億円買ってください」と。

もう1つは、相手に貢献していることに関して、実はほとんどの場合、間接的に本業につなげることができるということだ。たとえば、自分が金融商品のセールスをしていて、旅行のニーズがあったとき、自分にどのような貢献ができるかを考える。一見、自分の本業とは関係ないようだけれど、「旅行資金を定期的に捻出するために運用をしましょう」とか「年1回の分配金を旅行資金に充ててはどうでしょうか」とか「債券の利金で行けるといいですよねえ」といった提案をして、本業につなげていくことができるかもしれない。

資産運用の場面でよくある話でいえば、60歳代の顧客が「脳みそが衰えな

146

いようにしたいんだ」みたいな話をしたときに、「株式投資など資産運用をすることで、常に情報や意思決定の感度が研ぎ澄まされると思いますよ」といったことをセールストークとして言うことがあるだろう。ほかにも、健康でいたいとか、日々新鮮な刺激がほしいといった話があれば、「常に相場のアップダウンのなかに身を置いて、日々喜怒哀楽があったほうが、心の健康が保てますよ」と返すことでつながっていくかもしれない。

　顧客が子女教育に関心が高いとわかれば、「お子さんにちょっと株をもたせたら、教育の 1 つとしてよいかもしれないですよ」などと話す。「投資家の村上世彰さんの娘さんは小さい頃から株をやっていたという話もありますし、ジム・ロジャーズもそうだったようですよ」と話してみる。「小さな頃から運用していた」というような話はよく聞くが、それも結局は英才教育だ。だから、「教育ですよ、当事者にもたせることがいちばんですよ」など、あらゆることにつなげることができるだろう。

　顧客と組織改革の話になったのならば、「では従業員全体に、組織改革のなかで問題意識をもたせるために、インセンティブをつくりましょう。当社では持株会支援を行っていまして…」といった話に展開できるかもしれない。このように、どのような課題を解決でも、何かしらの金融ニーズにつなげることができる。よくヒト・モノ・カネというが、大きな資本を扱っている「資本を扱う商売」の特徴といえるだろう。

　「新しい技術に疎い」と悩んでいる会社があったとしたら、どう話をもっていくだろうか。たとえば、「新しい技術とかどんどん取り入れたほうがいいですよ」とアドバイスして、「それでは新しい技術に投資するファンドに投資しますか。投資をすると、値動きも気になってきますし、毎月の運用レポートに組み入れ比率上位10銘柄が紹介されていたりします。上位銘柄に変更があったときに、この新しい銘柄は何の会社なんだ？　と情報収集することで、新技術に詳しくなれます」という話にもっていくことができる。よく投資信託資料に「こういう企業がある」と綺麗なスライドで紹介されている

が、このような物を通じて、最新のテクノロジーに触れることができる。ゲノム関連のファンドがあれば、ゲノム関連の事業をしている会社やその事業内容を知ることができるし、AI関連のファンドがあれば、AIにはどのような事業分野があるのか、といったことを学ぶことができる。「ファンドの銘柄を通じて、情報収集できますよ」といった提案が可能になる。そして、「じゃあ最先端のAI銘柄をちょっと僕が調べてもって来ますね」とつなげることができる。「投資をすると、投資先が発信する情報が気になるようになりますから、そうやって感度を上げていきましょう」と話す。「ある意味、資本提携みたいなアライアンス（勝手に株式を保有している緩いアライアンス）の姿です」「おお、そうか。資本提携か」「はい、もちろん規模は小さいですけどね（笑）」といったような会話ができる。一見遠回りをしているようだが、相手を支援しているなかで、何かをつないでいくようなイメージだ。さらに、オーナー社長に対しては、「同業他社の株をもってみる」とか「新規参入したい分野のファンドをもつ」と言ったことも響く可能性がある。

　ストーリーテリングの方法にもよるが、相手のニーズを喚起したことによって、「課題を明確化してくれるパートナー」と相手に認識してもらうことができる。そこから、「わかった、いちばんこれがダイレクトな解決策なのかはわからないけれど、ちょっとやってみようか」と言ってもらえることは非常に多い。いきなり、大きな金額の話を持ちかけたときは別かもしれないが、少なくとも、口座を開いて、最初は少額からとか、「そんなに大きな取組みでもないので、まず始めてみようか」と考えられるようなことであれば、乗ってもらいやすいだろう。

⑵　セールストークを無限に生み出す奥義

　セールストークは、ほぼ無限に生み出すことができる。冨田が培ったその奥義を紹介しよう。

　「資本主義経済の答えは決まっている」という話が奥義の1つだ。「資本主

義経済とは何か」や「そもそも資本主義社会の基本ルールを知りましょう」
という話である。資産運用を始めるにあたり、大前提として押さえておきた
いことがある。それは、私たちがどういう社会で生きているか、ということ
だ。2014年、トマ・ピケティの『21世紀の資本』が日本でベストセラーに
なったことは記憶に新しいと思うが、このなかで明らかにされたのが、次の
不等式だ。

$$r > g$$

　ピケティは過去200年間のデータを分析した結果、このように結論づけた
のだ。資本収益率（r）は、経済成長率（g）を上回る。つまり、利潤（利回
り益）、配当金、利息、貸出料など資本から入ってくる収入が、給与所得を
上回ることを証明した。この理論に基づくと、資本を活用する、つまり投資
したほうが賢いということになる。なぜ、このような結果になるかは、私た
ちが生きている社会の仕組みを考えればよくわかる。私たちが生きているの
は、「資本」主義社会だ。資本主義というシステムは、経済も資本市場も右
肩上がりになることを前提につくられている。そうでなければ、資本主義社
会は成り立たない。ということは、経済も資本も右肩上がりになるなら、投
資をしたほうがいいということだ。
　2008年のリーマンショックの時は、まさに悪夢だった。その後の日銀によ
るゼロ金利政策は「資本主義の崩壊」とも言われた。リーマンショック後の
不景気が続いていた米国でも「ウォール街を占拠せよ」とデモが繰り返され
たが、しかし、しばらくしたら鎮静化した。経済が悪いと一般市民の不満が
噴出する。2009～2010年にかけては、ニューヨークではそこらじゅうでデモ
が発生していた。しかし、ひとたび経済が回復すれば、そのようなデモは消
えてなくなる。2017年に冨田がニューヨークを訪れた時は、トランプ大統領
に対するデモはあったものの、経済への不満をぶつけるデモはみられなかっ

たという。

　つまり、経済が右肩上がりになっている社会、すなわち資本が増えていく限り、人々の不満が爆発することは考えにくい。少なくとも歴史を振り返ってみると、どんな圧政のもとでも国が繁栄し、市民が良い思いをしているなら、大きな問題にならない、すなわち均衡を保ってきたとされている。資本が第一であるという社会のルールのもとで生きていく限り、合理的には資本家側になったほうが有利であることになる。雑誌『Forbes JAPAN』の長者番付で上位に名を連ねているのは資本家（自主株を保有している企業オーナー）ばかりである（図表5‐3）。これが現在の社会が資本主義で成り立っていることを如実に表しているのではないだろうか。

　日本を含めて、多くの先進国は資本主義社会である。資本主義というシステムは、経済も資本市場も右肩上がりになることを前提につくられている。資本主義で最もリターンが高いのは株式。結論として「株式をもちましょう」となる。もちろん銘柄選定によっては、リターンがでないときもあるが、それは「株式をもつ」と決めた後の話である。話の組み立て方で、相手も「それなら俺も株式をもったほうがいい」と納得してしまう。しかも、社会的象徴のような、哲学を勝手になぞって、「これは俺の意見じゃないですから」と権威づけも行って、「社会構造がこうなっているから、このほうがいいでしょう」という話になっているのがポイントだ。

　コツさえつかめば、このようなストーリーは、たくさんつくれる。たとえば、ネット検索をすれば、参考になりそうな書籍はたくさん出てくる。「なぜ資産運用したほうがいいのか」とか、「富裕層　資産運用」などのキーワードで検索すれば、たくさん関連した情報が出てくる。全部、セールストーク集だと思えばいい。世の中には、素晴らしいセールストークがいっぱいあるのに、それを使わない手はない。

　投資信託の販売現場では、商品についてのセールストークを誰かが教えてくれて、それを覚えることが多いだろうが、顧客のニーズを喚起するとか、

図表５−３　『Forbes JAPAN』日本長者番付の上位20（2019年版）

順位	氏名	企業名／ブランド名／業種	資産額（億円）	年齢（歳）	前回順位	結婚	子供	出身大学	出身県
1	柳井正	ファーストリテイリング	2兆7,670	70	2	既婚	2	早稲田大学	山口県
2	孫正義	ソフトバンク	2兆6,670	61	1	既婚	2	カリフォルニア大学バークレー校	佐賀県
3	滝崎武光	キーエンス	2兆670	73	4	既婚		（兵庫県立尼崎工業高等学校）	兵庫県
4	佐治信忠	サントリーホールディングス	1兆2,000	73	3	既婚		慶應義塾大学	兵庫県
5	三木谷浩史	楽天	6,670	54	7	既婚	2	ハーバード大学（MBA）	兵庫県
6	重田康光	光通信	6,000	54	11	既婚	3	日本大学（中退）	東京都
7	高原慶一朗	ユニ・チャーム	5,780	57	8	既婚	3	成城大学	愛媛県
8	森章	森トラスト	5,220	82	5	既婚	3	慶應義塾大学	東京都
9	永守重信	日本電産	5,000	74	6	既婚	2	職業能力開発総合大学校	京都府
10	毒島秀行	SANKYO（パチンコ）	4,950	66	10			慶應義塾大学	群馬県
11	小林一俊・孝雄・正典	株式会社コーセー	4,330		12			慶應義塾大学	東京都
12	伊藤雅俊	セブン＆アイ・ホールディングス	4,220	94	14	既婚	3	慶應義塾大学	東京都
13	三木正浩	ABCマート	4,210	63	13	既婚		東邦学園短期大学	三重県
14	似鳥昭雄	ニトリ	3,780	75	9	既婚		北海学園大学	北海道
15	安田隆夫	ドン・キホーテホールディングス	3,000	69	22	既婚	1	慶應義塾大学	岐阜県
16	大塚実・裕司	大塚商会	2,890	96 65	15			中央大学（実）・立教大学（裕司）	栃木県
17	韓昌祐	マルハン	2,670	88	17	既婚	6	法政大学	韓国
18	野田順弘	オービック	2,610	80	26	既婚		関西大学	奈良県
19	多田勝美	大東建託	2,450	73	24	既婚	1	（四日市工業高等学校）	三重県
20	木下盛好一家	アコム	2,280		20				兵庫県

（出所）『Forbes JAPAN』

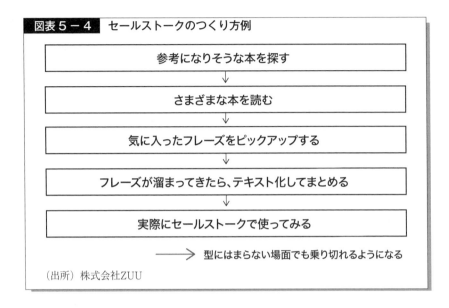

図表5−4　セールストークのつくり方例

参考になりそうな本を探す

↓

さまざまな本を読む

↓

気に入ったフレーズをピックアップする

↓

フレーズが溜まってきたら、テキスト化してまとめる

↓

実際にセールストークで使ってみる

⟶ 型にはまらない場面でも乗り切れるようになる

（出所）株式会社ZUU

型にはまらないセールストークとなったときに、話の進め方が甘くなる。あまり自分で調べようとしていないのかもしれない。しかし、参考になる書籍はたくさんあるのだから、難しいことではない。さまざまな本を読んで、どんどんセールストークをピックアップしてつくって、使えるようになればよい。

　つくったセールストークに説得力をもたせることも難しいことではない。たとえば、「『金持ち父さん』の本に、こんなことが書いてありましたよ」と言うと、相手は「そうか、そんな有名な本に、そんなことが書いてあるのか」「資本主義社会というのは、こういう構造になっているのか」「構造的にそうなっているのなら、たしかにそうだな」などと思うわけだ。そう思わせると、相手には疑う余地がなくなってきて、圧倒的な説得力を感じてしまう。このような方法は、いくらでもできる。「有名なヘッジファンドマネージャーがつくったファンドです」といった神格化もそうだ。「そういうとこ

ろで、こういうふうに言われているのだから、そうですよね？」という具合に、ストーリーはいくらでも引用できるから、セールストークは何個でもつくり出すことができる。別に自分が言っているわけではなく、「あの有名な本が」「有名な誰々が」と言っているので、嘘をついているわけでもない。

　読んだ本のなかから、気に入ったフレーズをどんどん取っておくことから始めよう。セールストークフレーズみたいなものを、蓄積し続ける習慣をもつといいだろう。冨田も、雑誌などの良いフレーズなど、写真に収めたり、キャプチャコピーを取ったりして、少し溜まったらテキスト化してまとめておくことを繰り返していたという。そしてそれを積極的に使っていく。つまり、奥義はたくさんあるのだ。こうしてセールストークを何個もつくっておくと、相手の心に刺さるものと刺さらないものが、だいたいわかってくる。また、相手によっても刺さるものと刺さらないものは違う。だから、プレゼンのときは、このような奥義をたくさん用意しておくとよい。

(3)　「刺さる」投資信託セールストークの 5 つのポイント

● 資産アドバイザーが抱えている葛藤

　営業の難しいところは、顧客にとっていちばん良い提案をしても、買ってもらうためのトークが顧客に刺さらないという点である。純粋に顧客のためにポートフォリオをつくりたいけれど、買ってもらえないシーンがある。たとえば、「グローバル分散投資はいいですよ」というのは正論なのだが、刺さらないことがある。逆に、「ここからミャンマーが来ます！　ミャンマーみたいなフロンティアに近いところに投資するには……」のような話や「過去のトラックレコードをみると、5 年で倍になっています」などのほうが刺さる。どうしても後者のほうが売りやすい。

　「セールス」とは、この葛藤と常にどう戦っていくかである。おそらく、資産アドバイザーにとって、こういった葛藤があり続けるほうが、顧客のこ

とを考えているということなので、健全な状態であろう。顧客に幸せになってもらうためには、顧客を説得させられるセールストークが不可欠であり、そのセールストークとセットになる。いくら顧客に買ってほしくても、刺さらなかったら動いてもらえず元も子もない。

　少し抽象度が高い話から入り、それに応じて違う商品のラインナップが生まれる。概念論からすると、本当は顧客とグローバル分散やポートフォリオといった投資の考え方や資産運用の考え方など、もっと大上段の部分からすり合わせができているとよい。そのなかに入れる1つひとつの投資信託は、大上段の考え方を達成するための作業やツールにすぎないので、理想論はそこがいちばんいい。そのうえで、細かい投資信託やセールストークにもつなげていく方法はいくつかある。

　1つ目は、シャープ・レシオをみせる方法。投資信託ごとの指標や分析は簡単に出せるし、比較できるので、特に重要視されるシャープ・レシオを並べて示す方法。

　2つ目は、モーニングスターのウェブサイトなどを含めて、投資信託格付け機関などの評価をもって、「これだからいいですよ」と示す方法。

　3つ目は、「相場がこういう方向に進むことが想定されるので、それに対していちばん連動するのがこの投資信託ですよ」と示す方法。

　4つ目は、「過去のトラックレコードがこうだったから、この投資信託ですよ」と示す方法。

　5つ目は、運用機関。つまり、その運用会社自体のブランドを押す方法。ちょっとエッジが効いた運用会社だと、その思想や投資哲学、それ自体を強く押し出していくというやり方もある。

　セールストークが足りなくて顧客に買ってもらえないのであれば、そういった指標と一緒に提案するのが、もっとも理想的である。それで顧客が動きやすくなれば、その場合の銘柄の選び方は、その提案のポイントに合致しているものとなるので、自分自身が話しているセールストークが思い切り後

押しされるようになる。金融機関であればよく使っているクイック（QUICK）やブルームバーグで選ぶ方法と、誰でもアクセスできるモーニングスターを使う方法があり、後者もお勧めである。未来のシミュレーションというのはほぼ意味がない。しょせんはシミュレーションなので、基本的にトラックレコードがあるところを中心に選ぶのがよいということである。

● 顧客が食いつく「運用会社の神格化」

上記の５つのなかで、冨田が特に意識していたのは、「思想」と「トラックレコード」だったという。運用会社の思想は、マイナー会社ほどわかりやすいから刺さりやすい。「すごいのが来ましたよ。他社さんあんまり扱っていません。ついに来ました」といった具合だ。運用会社自体を神格化させるほうが差別化できるしわかりやすい。たとえば、バフェットに運用してもらえるなら、運用してもらいたいということだ。バフェットは難しいが、欧米ではバフェットのように神格化しやすい運用会社はたくさんある。「あの○○です。このパフォーマンスをみてください。この創業者達です、それが新しく始まりましたよ」と神格化してしまうほうが圧倒的に顧客は食いつきやすい。

他業界の例だが、私たちには「エビアンはフランスのすごい奥地のアルプスの水で……」と刷り込まれていて、飲んだら非常に健康になりそうな雰囲気がある。その思想を買っている、つまり、エビアンというブランドに対して私たちはお金を払っている。見せかけのブランドではなく、歴史があって、運用哲学もあって、実際に顔を出してきている人たちだということ自体を神格化させたほうが、細かい話になってこない。しかもそれがいちばん顧客に刺さりやすい。そのうえでトラックレコードをみせるといった話を続けていく。

● 「顧客を教育しろ」の本当の意図とは？

よく現場で「資産アドバイザーが顧客を教育しろ」と言われるが、その本当の意図は「顧客がみる指標を絞ってあげる」ということである。顧客は、

「この新聞にはこう書いてあった」「この雑誌ではこんなふうに書いてあった」といった具合に、自分がみた情報を信用してしまいがちだ。だから、「この商品がどうこうというレベルではなく、この運用会社がすごいんです。このファンドマネージャーがすごいんです」と、大上段の部分から信用してもらうほうが提案は刺さりやすい。そうすると、顧客は一喜一憂しなくなる。たとえば、とある新興国経済の良さを理由に提案してしまうと、その国の経済情報に右往左往してしまう。経済状況が良いから買ってもらう約束をしたのに、買ってもらう前々日の新聞にその新興国が「デフォルト危機」なんて見出し記事があると顧客のマインドは変わってしまう。

　顧客の視点を絞るということについてもう少し詳しく補足すると、やはり「シミュレーションが良いほうがいいのか」「過去のトラックレコードが良いほうがいいのか」と二分してしまうときがある。そのようなときには、「シミュレーションはダメです。シミュレーションはあくまでもシミュレーションです」と、きっぱり伝えて顧客を教育する（これは本当のことである）。「過去のトラックレコードをみるのが、投資信託の正しい見方です」と教育する。教育が浸透し、顧客が「シミュレーションは駄目、トラックレコードで判断する」と十分に理解している状態であれば、競合の営業担当がどんな見栄えの良いシミュレーションの話をもってきても、そう簡単に競合にもっていかれたりしない。

7　プレゼンテーション

(1)　アイスブレイク——冷めたニーズを温め直す

　リスト選定から細かくプロセスを分解してきたが、いよいよ大詰めのプレゼンに入った。どんな営業でもプレゼンプロセスは気合いが入るものであ

る。実際のプレゼンの順番（プレゼン資料の構成＝話す順番）については、以下が基本の型だ。

---

① 面談時に合意した課題の復習から始めてニーズを温め直す
② 大きな絵をみせる
③ 具体的な実行策について話す

たとえば、海外投資のプレゼンをするときの話の順番は、「あなたの保有資産は円が○％を占めており、日本の低金利と財政破綻リスクに備えた国際分散投資の必要性がありますね」といった課題の復習から入る。次に「アジアの新興国に投資すべきです」とソリューションの方向性をみせ、顧客の関心を引いた状態で「具体的にはポートフォリオの一部をシンガポール、ミャンマー、タイ関連の株式に振り分けましょう」という具体的な話に入っていく。

最後は相手が検討に入るかその場で回答がもらえるかで変わるが、検討に入るなら回答期限を切ることが基本である。回答が否定的なものであった場合には、次回に活かすべく断られた真因について仮説を立て、再挑戦が許されるなら軌道修正を図ってリトライする。再挑戦できないとしても、真因は考えておいて、他の顧客で試せることがあれば試し、早いうちに「断られるときのパターンと対策」として自分やチーム内でストックしていくことが重要である。

プレゼンをするときの流れを具体的例とともに示すと次のようになる。最初に課題を共有して、「なぜ必要なのか」を示し、次に「何をすべきか」と言う。大きな絵をみせて、最後に「具体的にどうやって」という話をするのがプレゼンの基本である。

① 課題の復習（Whyの明確化）
　　例：顧客の保有資産は円が○%を占めており、日本の低金利と財政破綻リ
　　　　スクに備えた国際分散投資の必要性がある
② 解決策の提示（Whatの明確化）
　　例：アジアの新興国に投資をする
③ 実行策の提示（How、When、Whereの明確化）
　　例：ポートフォリオの一部をシンガポール、ミャンマー、タイ関連の株式
　　　　に振り分ける

　前回の面談で顧客の課題を整理して、ニーズ喚起も十分にできたのに、プレゼンの日になったら顧客の気持ちが冷めていることはよくある。いくら顧客のニーズに最適化したコンサル型営業であっても、相手の気持ちが冷めた状態でプレゼンをしたところでなかなか刺さらない。したがって、プレゼンフェーズで最初に意識すべきは、課題の温め直しであり、提案書の冒頭、もしくは口頭ベースで「前回、○○社長がおっしゃったように、御社の課題は○○です」という念押しから始める必要がある。これをやらないと平気で忘れるのが人間だ。

　温め直しがいかに重要かは、自分が営業されるほうの立場になればわかりやすい。決裁権をもつ人は総じて忙しい。同時に複数の案件を抱えていて、さらに突発的な事案も起こる。そうやってバタバタとこなす業務の１つが営業とのアポだ。営業は朝からプレゼンのことばかり考えているかもしれないが、プレゼンされる方が「今日はプレゼンを受けるんだっけ」と思い出すのは、たいていアポの直前である。本当に忙しい身だと、商談が始まってもなお「今日は何のプレゼンだっけ」と話に集中できないこともある。

　だからこその温め直しである。「こんな悩みを抱えています。大変ですね。辛いですよね。どうにかしたいですよね」であるとか、「こうするだけで１年後にはこんないい状態になるはずです」とあらためて自分の課題を

提示されると、「そうそう。うん、辛いんだった」「そうだ、それが理想だったんだ」と感覚を思い出していく。この一手間は、高反発なバネを押し込んでいるような感覚だ。バネを押し込めば押し込むほど、その反動で「解決策はこれです」と提案を開示するときのインパクトが増すように感じる。自社のフロントメンバーが共有する感覚は、「私たちは商品を売っているのではなく、もしかするとサービスを売っているのでもないかもしれない。私たちは『ストーリー』を売っている」というものである。だからこそ、プレゼンをするときには、それが何回目の商談であれ、必ずストーリーがイメージできるような流れでなければならない。商談の際に前回のことなんて覚えていない。だから、必ず前回のレビューから始めないといけないのだ。

⑵　クロージングの期限は必ず切る

先ほど、人の心はすぐに冷めると述べたが、当然、プレゼンをし終えた後も人の心はすぐに冷めるので、プレゼンが終わって「社内で最終決定をさせてほしい」と言われたら、必ず期限を切るようにしたい。期限を切り、プレゼンに希少価値をもたせることが、相手の良い結論をスピーディーに引き出すポイントである。金額の大きな案件であれば、どんなに経営者に売り込んだとしても、社内（もしくは家庭）に持帰りになる可能性は高く、それは仕方のない話だ。そこを、「いま決めてください」というように、決断を無理に迫るのは、明らかなマナー違反になる。

しかし、そうかといって期限を決めないといつまで待たされるかわからない。プレゼンが終わった段階から1秒経つほどに成約率は下がっていくと思ったほうがよい。目安としては小さな案件であれば3、4日、金額が大きい場合には1週間くらいだ。「明日お返事いただけますか」ではあまりにせっついていて悪い印象を残すし、2週間も空けるのはやりすぎである。大企業で月に1度の稟議を通さないと答えが出せない、というようなケースを除けば、情報収集や社内調整で2週間もかかることはない。ただ、その場で

決めても良さそうなのに「検討します」と言われたら、それはていのいい断りの可能性がある。

(3) クロージングの失敗例

ヒアリングを丁寧に行い、時間をかけて提案書をつくったのに、クロージングで失敗するケースは当然起こる。失敗を次回に活かすために大事なことはその原因分析だ。クロージングで失敗する原因、は5つ考えられる。

---

① ゴールのズレ
　　顧客の「ありたい姿」を読み間違えたケース。このレベルでズレが生じるのは、数を打てば当たるスタイルの営業がほとんど。
② ゴールと課題のズレ
　　顧客の「ありたい姿」に近づくために設定した課題が、実は課題ではなかった、もしくは優先度の低い課題であったケース。ヒアリングとニーズ喚起に時間をかけていればこのケースはほとんど起こらないが、起きたとしたら言語化されていない隠れた課題がある可能性がある。
③ 課題と解決策のズレ
　　課題は合っているが、解決策が的外れだったり、相手が望んでいないケース。特に相手が望んでいないケースはよくある。動的情報のヒアリング不足が原因である。
④ 解決策と商材・諸条件のズレ
　　解決策の大筋は合っているが、具体的な商品や仕様、価格、納期などの細かいところで折合いがつかなかったケース。これは静的な情報のヒアリング不足が原因であり、調整可能な範囲であれば再提案すればよい。
⑤ 信用不足
　　プレゼンは完璧でも、そのもっと手前の段階で「この営業は信用できない」「一緒に仕事をしたくない」と思われているケース。これは信頼関係の構築不足が原因なのでアイスブレイクからやり直す必要がある。

Column

アポは入るが、紹介したい商品まで
話を聞いてもらえないときはどうする？

　2018年 9 月14日に株式会社ZUUのオフィスにて、金融機関に勤める若手社員を対象とした少人数制懇親会が行われた。以下は、彼らとZUU代表冨田との質疑応答内容である。

質問者　私はテレアポや飛び込み、あるいはDMで営業をやっています。ドアノックはお役立ち情報……つまり、「相手先企業が喜んでくれそうな情報を提供しますよ」というスタイルです。アポは 1 日に 2 、 3 件は入りますが、実際にアポが入って提案するときに、自分が紹介したい商品までいかないことが非常に多くて悩んでいます。

冨　田　「お役立ち情報」と言っているので、少し遠回りに感じているということですよね。

質問者　そうです。喜んでもらえるのですが、その後に「さあ、運用の提案をしたいな」となると、「運用の提案だったらいりません」という感じで……。

冨　田　これは「あるある」ですね。

質問者　それで、どうやって解決しようかなっていうふうにいま悩んでいます。

冨　田　法人向けか個人向けかによって違うし、今回は個人に対してのお役立ち情報ではなく法人なので、法人の話からさらに個人の話までもっていかなければいけないとか、そういう話になってきます。「どこかの金融機関を使っているか」という話から入るか、お役立ち情報からニーズ喚起に入るかの 2 パターンがあります。前者であれば、「金融機関を使っているかどうか」という話に近づけていって「ああ、金融機関を使っているんです

ね、いまどういうお付き合いなんですか」「普通に銀行での借入れだけですか」のような話や、証券会社などを使っているのであれば、「もしかしたら上場準備してるんですか」のように、何かそういう話で、あえて外します。資産運用の話をしたいなら、あえて外してみます。具体的なケースで

はないので少し広くいいます。ポイントになるのは、金融機関を使っていると聞いて、何らかのニーズを喚起して、自分たちの金融ビジネスの話に最初からつなげてしまうと、結局また同じように「いやいや、別にそれはいいですか

（画像＝ZUU）

ら」って話になってしまうので、あえて外すということです。外し方が遠すぎると「君は全然わかっていないな」ってなるのですが、人間って近いところで外されると修正したくなるものなんです。

　いくつかポイントが出てきたら「あっ、取引されてるんですね」「なんだ、いってくださいよ僕に。証券会社なんですから」というような話から近づいていきます。もうちょっと具体的に、「運用されてるんですよね」「うん、そうだけど……」というように、運用していることを先方の口から確認できたなら、「どのように運用されてるんですか」という話にも近づけやすくなると思います。ここで重要なのは、最初周辺の話をするなかで人間的信頼関係やビジネス的信頼関係が築かれていっているからこそ話してもらえるということです。

　もう1つは、抽象的ないくつかのニーズ喚起ポイントを投げて、情報提供する話題から課題の話に近づけていくという話です。情報提供する話題が、たとえば業界向け情報のケースと、どの業界でも共通した情報のケースに分かれると思いますが、今回はどちらが多いですか？

質問者 業界向けが多いです。

冨　田 業界向けだとしたら、業界向けの情報提供のなかの 3 つ目くらい
に、金融の話に移るブリッジを差し込んでおくとよいです。イメージでい
うと、1 つ目を話して 2 つ目がいきなり金融ビジネス寄りの話だと「そっ
ちに話をもっていこうとしているな」とバレてしまうので、少なくとも 2
つは「The 業界向けの情報」で、金融ビジネスには近づかず満足してもらっ
た後で、3 つ目の情報として「不動産業界で事業承継が進んでる」とか
「スルガさんの問題もあり、貸出しが一気に絞られてきている」などの話か
ら資金調達の話をするとかです。ブリッジを入れることが非常に重要に
なってくる。そこから自然に金融ビジネスの話へスルッとすり替えれば、
比較的金融ビジネスの提案がしやすいと思います。下のメンバーの同伴な
どをしたときに、ぶつ切りになってるところを何度も目の前でみたので。

質問者 ぶつ切りになりますね、私も。

冨　田 なのでブリッジを。「このトークからこのトークには、少し距離があ
るな」と感じた場合、ここに橋を架ける。業界情報と金融ビジネスのブ
リッジになるネタを用意する。

質問者 はい。どの業界でも共通している話題の場合には、どうやってブ
リッジを架けるのですか。

冨　田 それって結局「どういう企業、どういう場所を目指してるか」のよ
うな話に近づけやすいのです。「どういうところを目指しているか」がわか
ると、「そのために何が必要か」という話になる。そのなかに金融ニーズな
どが混ざっているケースが非常に多かったりします。また、給料を上げな
きゃいけないとか、労務リスクとか訴訟リスクに備えて内部留保を少し蓄
積しておかなきゃいけないとかいう話が出たら、「保険を積み上げておいた
ほうがいいですよね」や「そういった万が一の対策のために」と展開す
る。ブリッジのパターンをたくさんもつことが重要なのかもしれません。

質問者 ありがとうございます。「ブリッジ」と「外す」について、次の営業
日から早速ブリッジを架けながら営業してみようと思います。

第 **6** 章

モチベーションとキャリア
頑張ろう資産アドバイザー！

ZUU代表冨田からのメッセージ

営業に没頭するモチベーションを引き出す仕組み

(1) 成長は螺線階段

　富裕層・経営者営業をプロセスに分け、仮説を立てながら検証していくことによって、経験を型化し、営業の精度を上げていく。これらの内容を一通り理解し、実際の自分の営業において各ステップを見直したとき、すでに多くの平均的営業マンよりも営業という仕事についての理解は圧倒的に深まっているはずだ。しかし、それでもなお、トップセールスの7割の実力にしか届いていないと思う。残りの3割を埋めるものは「継続」だと思っている。仮説と検証を1周だけ行うことにさして意味はない。そのループを繰り返すことによって複利効果が働き、倍々ゲームのように成長が早まっていく。だからこそ、今回はその絶え間ない仮説・検証ループによる改善をどのようにして継続していけばよいのか、ということを紹介していきたい。

　若手の資産アドバイザーからよく相談されることの1つに「このまま営業という仕事を続けていていいのかわからなくなってきた」というものがある。誰しも日々、夢や目標に対して向かっているなかで「同じ場所をぐるぐる周っていてまったく前に進んでいないのでは……」と感じたことがあるはずだ。進んでいないと感じるもどかしさから、落ち込んだり、モチベーションを落としたりする。自分の成果や進化が感じられないときに、そのように思うのは人間として当然だ。しかし、それは果たして本当に進んでいないのだろうか。私はそう考えない。それは「螺旋階段」なのだと思う。仮説と検証のループは1年も実践し続けていれば劇的な変化を感じるはずだが、日々を切り取ってみると、地味な1日の繰り返しでしかない。いきなりこれまでの2倍、3倍の成績が出せるわけはない。1％や2％、そうした小さな桁の調整を行い続けるわけだ。

　「仮説を立てて営業しよう」と言っても、実際に思考している時間はほんの一部で、9割方の時間は身体を動かし、口を動かす行動によって成り立っている。そしてその「同じ日々の繰り返し感」は、ビジネスにしても、学習にしても、スポーツにしても、意志の強い、達成したい夢が高い人ほど感じることが多い。なぜなら、人よりも「反復」を徹底して行うからだ。これは営業でいえば、顧客とのアポ取り・ニーズ発掘・プレゼンなどへの修正の繰り返しを指すが、営業に限った話ではない。語学学習なら英会話や単語の暗記などの繰り返し、経理なら領収書の処理やエクセル入力の繰り返し、野球選手なら基礎練習や筋トレの繰り返し。教師なら……、エンジニアなら……、どの分野にも当てはまる。

　夢や目標を達成する過程は、地味な作業の繰り返しであることがほとんどだ。元メジャーリーガーのイチローさんの以下の有名な言葉がある。

　「小さなことを積み重ねることが、とんでもないところに行くただ1つの道」

　いま自分にできること。頑張ればできそうなこと。そういうことを積み重ねていかないと、遠くの目標は近づいてこない。多くの人が気づいていると思うが、スポーツも学習もビジネスも非常に共通点が多い。学習という観点では、大学入試や資格試験のように、暗記や問題演習という練習を積み重ね、模擬試験という練習試合を行い、実際に試験、つまり公式戦に臨む。ビジネスは日々の業務で、高い成果を達成するために練習を積み、公式戦で高いパフォーマンスを発揮できるように備える。このように、ビジネスでも学習でもスポーツでも、夢や目標を達成するために、私たちは小さなことや地味なことを繰り返していることがほとんどだ。時には「自分は進んでいるのか」「この道は合っているのか」「これは本当に自分がやりたいことだったのか」といろいろな迷いが生まれるかもしれない。

　ただ、1つだけ確かなことがある。それは「間違いなく1段ずつそして1

階ずつ上がっている」ということだ。「景色が似ているので気づかない」かもしれないが、正しく頑張っていれば必ずそうだ。そして近いうちに久々に下をみる機会に出会ったときに「自分はこんなに高いところまで来ていたんだな」と気づくはずだ。

(2) 成長は「2乗」で起きる

　一見地味な仮説と検証を繰り返すことによって、加速度的な成長速度を手に入れることができる。技術やノウハウの改善の積み重ねの結果、1つの案件の成功率が飛躍的に高まるということだ。しかし、その積み重ねはさらにもう1つ、別の角度での成長の加速も引き起こす。努力の結果、少しずつ良い成果が現れるようになると、時折いまの自分では出会わなかったような1ランク上の仕事が紹介されたり、任されたりするようになってくる。それは一見、いままでの自分では達成が困難であるように思えるはずだ。

　たとえば、「経験を積んだ課長クラスしか担当してこなかったような大口顧客を引き継ぐ」「インストラクターやリーダーに選ばれる」「英語を話せないのに海外赴任を打診される」などだ。惰性で仕事を行っていると、こうした転機に対して「私みたいなものがそんなお仕事なんて」と、ついひるんでしまう。しかし、努力と改善を積み重ねてきた人間は、自分の成長を信じてその難易度の仕事を引き受けることができる。ここはとても大きな分岐点だ。というのも、実際に1段階上の仕事を受けると、これまでみえてこなかった自分の短所や長所、そして課題がみえてくるようになるからだ。すると相対的に、以前よりも量も質も高い努力を重ねることになる。

　私自身、入社1・2年目の頃と3年目以降では、担当する顧客が大幅に変わった。特にプライベートバンク部門に所属すると、対象となるのは世界レベルの富裕層なので、それまでは気づかなかった証券や金融の知識の甘さ、経営やビジネスに関する自分の視野の狭さに愕然とさせられた。しかし、だからこそ、そうした勉強に対して人一倍真面目に取り組んできた。いつしか

それが普通になると、もはや自分自身のレベルが変わっている。そしてさらにまた上のレベルの仕事が紹介されるようになるのだ。特に富裕層・経営者営業では、担当する顧客がハイレベルになればなるほど、求められることが多くなる。多くの人は「お客様に成長させてもらった」と実感することがあるだろう。継続した努力は、こうして「2乗」の加速をもたらしてくれる。

(3)　「魔の2年目」と言われる理由

　営業の世界には「魔の2年目」という言葉がある。1年目は順調に新規開拓ができていたのに、2年目に急ブレーキがかかる現象のことだ。私と仲の良かった同期の営業は、初年度は全国の同期のなかで3位の好成績を残したが、2年目に急に契約が取れなくなり、それを重く抱え込みすぎて本格的なスランプに陥り、3年目で退職してしまった。なぜ、2年目で急ブレーキがかかったのだろうか。その理由は、量と質の関係で説明できる。当時の野村證券では、初年度の新人に求められることは新規開拓だけだった。だから質が多少悪くても、気合と体力で誰よりも量をこなせば結果は残せる。

　しかし、そこで出した結果に比例して、2年目からは既存顧客の対応に追われるようになる。すると、喫緊の課題は既存顧客の要望を満たすことになるので、新規開拓が後回しになる。訪問件数はもちろん減るし、見込み顧客の管理も煩雑になる。結果、営業成績ランキングの上位から消える。当たり前の話だが、よく直面するジレンマである。こうした事態を避けるためには、たとえ結果を出せていたとしても、1年目のうちから「質の改善」を意識的に行わなければならない。それは自分の時間を効率的に使うためのPDCAかもしれないし、リストの質を上げることかもしれない。そうやって量と質の両軸の改善をしていかないと、既存顧客が増えたり、部下をもったりしたときに、いままで通りの量をこなせなくなる。また人間的信頼関係重視で開拓を続けてきた人にも注意が必要である。もちろん人間的信頼関係を構築できるスキルも重要だが、ビジネス的信頼関係のスキルを磨いていかな

ければ、新規開拓まではできても、その後の深い取引に発展させていくことは難しい。

　私の2年目は、新規開拓をおろそかにしないために「水曜は新規開拓デー」と勝手に決めて、新規開拓に励むようにしていた。その日だけは既存顧客から電話がかかってきても、よほど緊急な話ではない限り、1日が終わってから折り返すことにして、1日集中しきった。集中して行うのにはわけがあった。勉強をするときもそうだが、何か別のことをやろうとするとき、人にはウォームアップの時間が必要になる。集中のスイッチが入るためには30分くらいかかるという話を聞いたこともある。その点、1日中新規開拓をするのであれば、作業が小間切れにならない。限りある時間を最大限有効に使うために考えた工夫だった。

⑷　苦手な分野は理論武装すればいい

　誰しも苦手な分野をもっている。そこから逃げるのも1つの手だが、苦手なら意識的に理論武装をして「好きではないけど、なんとかなるレベルにしておく」という姿勢のほうが私は好きだ。たとえば、初対面のときにいつも緊張するのであれば、初対面でなんとかなるレベルになるように、何かしら鉄板トークのネタをもてばいいと思う。

　私は27歳のときにウェルス・マネジメントを学ぶため、シンガポールのビジネススクールに留学した。ただ、半分は仕事も兼ねていて、東南アジアの金融機関の幹部、現役プライベートバンカー、そして富裕層とのネットワーク構築という重要な使命を担っていた。とはいえ、英語を流暢にしゃべれなかった私は初対面で自己紹介をすることが苦手で仕方がなかった。しかし、自己紹介をしなければネットワーク構築は望めない。そこで私は留学して間もないある週末、自分のあらゆることについて一方的に説明できる自己紹介文を書いた。いまふうにいえば起業家がエレベーターピッチを考えるようなものだ。ただし、私の書いた「台本」は、最初から最後までしゃべれば15分

はかかる長文だ。仕事のことやプライベートのこと、自分の過去や目指す夢。初対面のときに相手から聞かれることがあった質問をすべて網羅するくらいの気持ちで台本を書き、ネイティブチェックもしてもらい、丸暗記した。これをつくったおかげで名刺交換の心理的なハードルは劇的に下がった。15分しゃべり続けることはまずないが、想定問答集をつくっていたようなものなので、どんな質問にもすぐに答えられた。

　初対面の鉄板トークくらいなら、本やネット記事を本気で調べればいくらでも調べられる。過去にうまくいった自己紹介のケースの振り返りもして、最適と思われるものを組み合わせることは、半日かせいぜい1日もあればできる。それも仮説ベースで十分。反応をみながらブラッシュアップしていけばいい。仮説営業においてあらゆる言動は「検証」のために行うものだ。しかし実際、多くの営業はそれすらやらない。サザエさんを観ながら「あぁ、明日からまた飛び込みか」と憂鬱な気分になるか、もしくは「ストレス発散」と称して思いっきり遊び倒す。それでは根本的な課題解決にならない。特に経験が浅くて自分の型もできていない新人は苦手なことばかりだ。業界の勉強をすること、課題と解決策のパターンを増やすこと、コミュニケーションスキルを磨くこと、コールドリーディングを身につけることなど、やるべきことはいくらでもある。

　もちろん、すべてを同時にやろうとしても時間が足りない。だからこそ時間のアロケーションを意識すべきであり、自分の苦手とする領域のなかでも特に改善効果が高そうなものから1つひとつ、確実に潰していけばいい。月日が人の成長を決めるわけではない。インプットとアウトプットをどれだけ繰り返したかで決まるのだ。私は前職のころから、とにかく徹底してインプットを続けた。まず社内のネットに膨大に保存されている社内資料は、営業に関するところはすべて目を通した。過去の先輩方の好事例集は非常に勉強になる。特に1年目2年目は、日々何十種類もアップデートされるレポートですらすべてといっていいくらい読み尽くした。雑誌は日経ビジネス・日

経アソシエ・エコノミスト・ダイヤモンド・東洋経済・プレジデント・日経ウーマン・ニューズウィーク……といった主要なビジネス誌のすべてを2年目以降には購読し、また、本は月に20〜30冊をビジネス書中心に入社以来読み続けた。そして、アナログな経験知についても社内の主要部署から教えてもらう機会をつくっていた。たとえば、法人営業部のスペシャリストからは日経テレコンやEDINET、帝国データバンクから企業情報を抽出し、仮説を立てる方法を教えてもらった。経験値を情報量でカバーするため、極力広い分野に関心をもちインプットしてきた。

レベルの高い経営者ほど、数知れないほどの営業マンがアプローチに来ているのであり、レベルの高い担当者がついている。逆にいえば、そのレベルを超えられるのであれば、人間力の部分で大きな問題がない限り、必ず相手の気持ちを惹きつけられる。そのためには、自分の業界分野の話だけで差をつけるのは難しい。そうであれば、「社長の知りたいビジネスの情報を教えてあげられる」「政治や芸術についてレベルの高い会話の話し相手になれる」ことが差をつけられるポイントになる。営業マンらしい営業マンにならずに、多種多様なトークで相手の関心を惹きつけたうえで相手から「お前おもしろいな。それで、いまは何がいいんだ？」と聞かれるようになるのが理想だと思う。

2　最短距離で理想のキャリアを歩むために

⑴　キャリアを「狙って」つくりに行く

あらためて私のキャリアを振り返ると、大学時代はサッカー部に所属してサッカーばかりやっていたので、勉強家というタイプではなかった。大学3年の時にビジネスの世界に出会い、ITの分野で起業した。その後、野村證

券に新卒で入って、最初の3年間は荻窪支店でリテール営業をしていた。荻窪界隈は個人住宅が非常に多い地域で、なおかつ個人富裕層の方がたくさんおられるマーケットであるが、企業オーナーの新規開拓ばかりしていた。そういった企業オーナーと、たとえばM&Aや資金調達の支援、事業承継や為替、リストラクチャリングなどさまざまなビジネスを行ってきた。そのような実績が評価され、4年目に当時最年少で本社のプライベートバンキング部門に移った。そこから1年間は東京オフィスで実績を積み、次はシンガポールのシンガポール経営大学のビジネススクールに留学した。シンガポールの後には、タイのバンコクでASEANの経営戦略を担当することになった。その後、東京に戻りウェルス・マネジメントを経験し、退職して株式会社ZUUを設立した。

　あえて野村證券でのキャリアについて述べたが、キャリアはかなり狙ってつくりにいった。「このように動けば、こういうポジションに就けるだろう」という戦略である。もちろん100％戦略通りだったわけではない。たとえば、アメリカのビジネススクールに行きたかったけれどシンガポールになった。そういう小さな誤差はあっても、戦略的に積み上げていった結果、「海外に行きたい」という希望は叶った。「プライベートバンクに行きたい」という想いも戦略的に積み上げていった結果、実現した。「会社に対して、どのように、どうやって自分のキャラや実績をみせるか」ということを考え続けてきたので、ほぼ狙い通りのキャリアを積み上げられたのだと思う。そして起業家となり、2018年6月には東証マザーズへ上場した。書籍も出版している。拙著『鬼速PDCA』はシリーズ累計20万部を超え、世界でいちばん売れたPDCA本となった。ほかに『プライベートバンクは、富裕層に何を教えているのか？』と『営業』という書籍は、金融業界の方によく読んでいただいている。良かったら参考にしてほしい。会社員として、また起業家として、どのような力を身につけようと考え、戦略的にキャリアを積んできたかについて述べながら、キャリア戦略のフレームワークとなることを伝えたいと思う。

会社は現在、総勢200名を超えるメンバーになった。2020年3月末でZUUを設立してから7年が経つ。いまはZUU onlineというサービスを中心にメディア運営しているが、月間で1,200万人以上が訪れる、日本でいちばん大きい金融webメディア会社に成長したと思っている。後はクライアントの金融機関のFinTech化支援をしていて、金融機関がデータマーケティング、そしてメディアマーケティングのFinTech化を進めるとき、入口部分での支援を私たちが担わせていただいている。会社は海外にも展開している。以上、簡単に私と会社の概要について述べた。

　ここからは、私がどのようにキャリア戦略を考えてきたかについて述べる。私の個人的な印象だが、目の前の仕事の成果を最短距離で達成しようと頑張っている人たちはそこそこいる。しかしその成果はキャリアにつながるのだろうか。もちろん会社のために最大の成果を出すことは重要なことである。しかし、自分が理想とするキャリアまでの最短距離を歩もうとしている人は、非常に限られていると思う。この2つの違いがわかるだろうか。「目の前の数値を上げたら、希望するキャリアを歩めるのでは」という考え方もある。成果を上げている人は、上げていない人に比べて、交渉して転属や昇進の望みが叶う可能性がはるかに高くなる。ただし、成果を出している人のなかでも、常に「本社の営業企画部に行きたい」「投資銀行部門に行きたい」「海外に行きたい」と掛け合っている人はたくさんいる。では、何がポイントになるかというと「この人をそのポジションに送ったら、将来会社に価値をもたらすか」ということである。

　「この人を2年間MBAに行かせたら、将来会社の経営幹部候補になってくれそうだ」「1年間、海外の運用会社に送り込んだら、いろいろ現地のノウハウを収集してきて、国内の資産運用ビジネスにプラスに働きそうだ」「この社員は営業企画に置いておけば、キャラクター的に全国の若手セールスの憧れだから、みんなから営業企画が注目されて、結果として会社にプラスになる」などのように、ポジション変更には会社としての意図がある。1つひ

とつのキャリアゴールを設定して、その間の結果を1人ひとりがコントロールしているか、ということだ。

では、そのように思われるためにはどうすればいいか。私はそのためにキャリア戦略を文字化していた。1年目〜3年目に、自分自身がどういうキャリアを歩みたいのかという理想から逆算して、現時点ではどういう結果、どんな知識、スキル、人脈、信用ブランドを積み上げなければいけないのかという戦略をずっと文字化していた。四半期ごとに非常に細かい粒度でやっていた。

(2)　キャリア選択のフレームワーク

重要なフレームワークを作成する方法について述べる。まず、仕事に関して、得意なこと、不得意なこと、やりたいこと、やりたくないことを整理して書き出す。「得意だけれど、やりたくない」とか、「あまり好きではないな、得意なのに」という仕事もあるかと思う。一方で、「すごくやりたいし、好きでもあるが、得意ではない」という仕事もある。だからダメという話ではないのだが、そのような領域で成果を出すことは難しいものである。

では、理想は何か。当然のことだが、「得意でやりたい、好きなこと」を目指すのがいちばんいい。これは、現時点で必ずしも得意ではなくても、将来的に得意になるもの、つまり「得意になるだろう」という余地があるものであればよい。しかし、「この分野はどう考えても素質的に無理だ」というようなものもあるだろう。得意でやりたいところを目指すのがベストだが、この2つだけではなくて、もう1つ重要な項目がある。それは「市場価値」だ。これも、いまの市場価値ではなく、将来の市場価値である。たとえばブロックチェーンのエンジニアは、つい4〜5年前にはおそらくほとんど注目されていなかったが、たった5年で引く手あまたとなり、年収もヘッジファンドマネージャー並みに高騰している。「市場価値が高くなるところに対してベットできているか」という話なので、理想的には3つの軸を意識すべき

である。「いちばん高くなるところだけにベットしろ」という話ではないのだが、大きく下落してしまうと、その仕事自体がなくなってしまうかもしれない。

　「将来の市場価値上昇が見込める」「やりたいと思える」「得意なもの」この３つにそれぞれ10点満点でスコアをつけて、なるべく上になるものを選択していくという考え方が理想的だ。そして「やりたい」という想いに関して、もう１つ重要なことが「継続」である。続かなければその道のプロにはなれないからである。よく「１万時間を投下して初めて、その道のプロになれる」と言われる。やりたくないものはなかなか続かない。やりたいもの、好きに思えるもので、継続が担保できることが非常に重要である。私は野村證券在籍中に、経験したいこととして以下の５つの項目を考えた。３つ目の投資銀行以外はすべて経験することができた。

「プライベートバンキングを経験したい」
「この延長線上の超富裕層というトップの層に対してビジネスをやってみたい」
「インベストメントバンキング、投資銀行をやってみたい」
「経営戦略にかかわってみたい」
「海外ビジネススクールに留学したい」

　私は「これらの実現のために、マストな条件は何だろう」ということをふまえて、差別化戦略を考えた。まず海外に行くためには営業成績が重要だが、すでにトップだったので、そこから落ちないように最低限の成績を担保していた。私には語学力が全然足りていなかった。海外ビジネススクールや海外勤務の機会を得るためには、語学の点数が必要だし、「海外に転勤させたら、ちゃんとアウトプットできる経験を持ち帰るだろうな」という印象をもたれなければならない。重要なのは、「今現在の点数で評価されていない」ということだ。「英語の伸びしろがあるか」「語学の伸びしろがあるか」

というところが重要なのである。課題がわかったので、2カ月ごとにTOEIC、TOEFLを受けて、右肩上がりに上がっている数字をまとめて、人事部に送っていた。自分にとって足りないポイントは語学力だったからである。

　キャラ立ちを意識することも大切である。投資信託などの有価証券の販売手数料を積み上げている人は全国にたくさんいる。ただトップになっただけでは、「あいつは成績トップ」という印象にしかならないが、私は同じ収益を出すのであれば、本社人材っぽい成果を追求しようと考え、実践した。つまり、PBもIBも法人周辺ビジネスが中心なので、そういったディールを繰り返した。法人の債券運用や為替スワップを決めたり、事業承継や自社ビルの購入を支援したり、IPO、M&A、リストラクチャリングにもかかわった。「冨田という営業は、何か普通とは違う収益の稼ぎ方をする」と同期から言われたり、人事部からも「こいつは何かおもしろいインプットをさせると、また何かおもしろいアウトプットをするような社員なんじゃないか」とイメージさせたりすることができた。

　本社にはさまざまな人材がいる。超一級の営業ではなくても、たとえば、「米国公認会計士の資格をもっている」と言う人物や、私と同様に不動産ディールばかりやっていた人もいた。キャラが立った人物は評価しやすい。だから「自分がやりたいポジションに対していちばん評価されるような実績をどう積み上げるか」ということが重要である。したがって、収益という目の前のことだけを意識する働き方とは、おのずと異なってくる。「キャリアを歩むための最短距離の成果とスキルをどう積み上げていくか」を考えることが重要なのだ。

　また、「外資系金融に転職したい」という人にアドバイスしたい。大雑把にいえば、30歳未満と30歳以上の人たちで大きく条件が変わると思う。30歳未満だと、一部ポテンシャル採用という枠があり、ポテンシャルで採用されることがあるが、30歳を超えると、基本的には実力次第なので、たとえばプ

ライベートバンクの話であれば、「どれぐらい顧客を引っ張ってこられる
か」「50億円ぐらい、顧客のお金を引っ張ってきて」と言われる。これにイ
エスと言えない限り、外資系金融への転職は困難である。

(3) 若い時の投資ほど回収期間が長い

　最後に述べたいことは、「若い時の投資ほど回収期間が長い」ということ
である。言い換えれば、「いま努力することが最大の投資効率になる」とい
うことだ。人的資本の考え方も同じだが、来年より現在に実力をつけたほう
が、来年もずっと使える力になる。それが「$y=ax$」ではなく「$y=ax^2$」と
いう方程式で上がっていくわけだから、人的資本や時間資本のスキルをぜひ
身につけていただいて、理想のキャリアを歩んでいただきたいと思う。

あとがき

　「人生を前進させるための"ガソリン"である"お金"に関するリテラシーを身につけることで、夢や目標に向かって全力でチャレンジする人を増やしたい」

　そのような想いから、当社は2013年に金融メディア『ZUU online』を立ち上げました。現在、当社では複数のお金のメディアを運営しており、金融領域の情報サービスでありながらマーケット情報中心ではない「お金に関する問題解決型のメディア」として、ZUUメディア合計で月間1,200万人を超える方々が訪問してくださっています。

　「夢や目標に向かって全力でチャレンジする人を増やす」には、その人自身が金融リテラシーを身につけることも重要ですが、一方で、優秀な資産アドバイザーを見つけて伴走してもらうことも重要だと考えております。実は、当社が最初に世に出したサービスは「資産アドバイザーと投資家のマッチングサイト」でした（残念ながら、当時は力不足で利用者が増えずサイトは閉鎖しましたが…）。2018年7月には、資産アドバイザーを対象にした有料プラン「プロフェッショナルプラン」もリリースしました。今回、僭越ながら筆を取らせて頂いた背景には、上記のような想いがあります。

　今後は、ますます金融取引のオンライン化、他業界からの参入が増えてくることが予想されます。株式会社ZUUは引き続き、金融機関、資産アドバイザーの方々、個人投資家の方々、そして夢や目標に向かって全力でチャレンジする方々を支援していきたいと考えています。

　出版にあたり、株式会社きんざいの谷川様、西田様には多大なご尽力を賜りました。この場を借りまして、厚く御礼申し上げます。また、本著のなかで出典引用させていただいた関係者の方々、本著に携わってくださった方々にあらためて御礼申し上げます。

　2020年6月

株式会社ZUU

■ZUUサービス紹介

〈資産アドバイザー向け有料プラン「プロフェッショナルプラン」〉

大手証券・メガバンク出身者をはじめ金融業界のプロフェッショナルが監修した、4,000を超える本業やキャリア構築に役立つ厳選記事・スライドへのアクセスが可能に。さらに金融パーソン個別の悩みに答えるさまざまな営業支援サービスもご利用いただけます。金融業界で顧客向け業務をされている方が、すぐにビジネスで活用いただくための実践的な情報をお届けします。この度、書籍購入者限定サービスとして、月額4,980円の「プロフェッショナルプラン」の1カ月無料になるプロモーションコードをプレゼント致します。

> ZUU onlineコード：bxecur1e9u
> 内容：プロフェッショナルプラン1カ月無料

※コードの「r」と「e」の間は数字「1」。

【使用方法】

以下URLにコードを入力し、利用開始。
  https://zuuonline.com/mypage/payment/register_promotion_code
※非会員の方は、まずZUU onlineの会員登録が必要です。会員登録は以下からお願い致します。
  https://zuuonline.com/auth/signup?utm_source=bk2020

【注意事項】

以下のプランをご利用中のアカウントではZUU onlineコードをご利用いただくことはできません。
  ・ZUU onlineのアプリ経由で課金中のプラン
  ・法人会員プラン
  ・スタンダードプラン
お手数ですが、上記プランをご利用中の方は、一度ご利用中のプランをご解約のうえ、本特典をご利用ください。
なお、本プロモーションコードは、2020年12月31日までにコードを入力した方のみ有効です。

〈金融機関向けデジタル店舗〉

ユーザーの90％が投資関心層であるZUU onlineのメディア特性を活かし、金融機関がオンラインで金融商品の販売を非対面で行えるサービスです。

ZUU online内にデジタル店舗（例：●●銀行ZUU online支店、▲▲証券ZUU online支店）を出店し、集客・セミナー・アドバイザーブランディング・特典資料などで新しい顧客層を取り込み、投資商品等の個別相談・提案等の一連のビジネスプロセスをオンラインで完結することができます（一部、他サービスとの連携を含みます）。

■プロフィール

株式会社ZUU

2013年4月創業。2018年6月、東証マザーズに上場。銘柄コード4387。代表は冨田和成。日本最大級の金融メディア『ZUU online』を運営。金融領域の情報サービスでありながらマーケット情報中心ではない「お金に関する問題解決型のメディア」として、ZUUメディア合計の月間訪問人数は1,200万人を超える。2018年7月には、資産アドバイザーを対象にした有料プラン「プロフェッショナルプラン」もリリース。金融機関を中心とする金融会社のフィンテック推進、デジタル化を支援。

冨田 和成

株式会社ZUU代表取締役。神奈川県出身。一橋大学在学中にIT分野にて起業。2006年大学卒業後、野村證券株式会社に入社。新人時代は220件のオーナー社長を開拓し、同期トップになる。2年目以降は優良対象先に特化し、3年半で300件のオーナー社長を開拓。3年目終了時、7年目までの全セールスで営業成績トップに。史上最年少で本社の富裕層向けプライベートバンキングへ異動。シンガポールマネジメント大学でウェルス・マネジメント、イエール大学でオルタナティブ投資のビジネススクールに通い、卒業後はASEAN地域の経営戦略担当等に従事。2013年3月に野村證券を退職。同年4月に株式会社ZUUを設立、代表取締役に就任。2018年6月マザーズ上場。現在は複数のメディアにて連載をもつなど、本業とシナジーのある分野において金融専門家としての活動も行っている。

菅野 陽平

株式会社ZUUM-A取締役。日本最大級の金融メディア『ZUU online』副編集長兼経営者向けメディア『THE OWNER』編集長。幼少期より学習院で育ち、学習院大学卒業後、新卒で野村證券に入社。リテール営業に従事後、株式会社ZUU入社。メディアを通して「富裕層の資産管理方法」や「富裕層になるための資産形成方法」を発信している。

富裕層・経営者営業大全

2020年8月13日　第1刷発行

編著者　株式会社ZUU
監　修　冨　田　和　成
発行者　加　藤　一　浩

〒160-8520　東京都新宿区南元町19
発　行　所　一般社団法人 金融財政事情研究会
企画・制作・販売　株式会社きんざい
出 版 部　TEL 03(3355)2251　FAX 03(3357)7416
販売受付　TEL 03(3358)2891　FAX 03(3358)0037
URL https://www.kinzai.jp/

DTP・校正:株式会社アイシーエム／印刷:三松堂株式会社

ISBN978-4-322-13477-3